墨香财经学术文库
“十二五”辽宁省重点图书出版规划项目
ValueGo金融科技实验室出品

Fund Managers' Capabilities Identification and FOF Strategy Construction

陈玉罡 陈俊杰 叶青青 熊晨希 ◎ 著

基金经理的能力识别与FOF策略构建

东北财经大学出版社
Dongbei University of Finance & Economics Press
大连

图书在版编目（CIP）数据

基金经理的能力识别与FOF策略构建 / 陈玉罡等著. —大连：东北财经大学出版社，2022.12

（墨香财经学术文库）

ISBN 978-7-5654-4683-2

Ⅰ.基… Ⅱ.陈… Ⅲ.投资基金-研究-中国 Ⅳ.F832.51

中国版本图书馆CIP数据核字（2022）第207717号

东北财经大学出版社出版发行

大连市黑石礁尖山街217号 邮政编码 116025

网 址：http：//www.dufep.cn

读者信箱：dufep @ dufe.edu.cn

大连永盛印业有限公司印刷

幅面尺寸：170mm×240mm 字数：167千字 印张：11.75 插页：1

2022年12月第1版 2022年12月第1次印刷

责任编辑：石真珍 吉 扬 李 季 责任校对：刘东威

封面设计：冀贵收 版式设计：原 皓

定价：48.00元

教学支持 售后服务 联系电话：（0411）84710309

如有印装质量问题，请联系营销部：（0411）84710711

前言

在全民理财的时代，公募基金已成为中国居民投资组合的重要组成部分。截至2021年底，中国公募基金产品数量为9 288只，管理资产规模超过25万亿元人民币。基金经理作为基金管理人，在很大程度上决定了基金的业绩表现。最近几年，不少明星基金经理也因旗下管理的基金收益超群而为大众所熟知。

不同于货币市场基金和债券基金的稳定收益及低波动率，主要投资于股票市场的股票型基金和偏股混合型基金的预期收益率较高，但通常伴随着更大的波动率。另外，股票型基金的业绩表现可持续性不强。过往业绩表现好的基金未必能持续下去，过往业绩差的基金也有可能脱颖而出成为黑马。

基金的数量、规模的发展一方面给予投资者更多的选择，另一方面也让投资者难以抉择。同时，股票型基金波动率大、业绩表现可持续性不强的特性也加大了投资的难度。因此，基金的业绩评价越发受到关注，业绩的评价指标、业绩的可持续性、基金经理的选股和择时能力等都是热门的研究课题。

本书将基金经理的能力细分为选股能力和择时能力，并认为基金经理的能力才是决定业绩表现可持续性的内因。基于此基本框架，本书着重探讨基金经理能力识别和FOF（Fund of Funds，即基金中基金）策略构建两个问题。相比短期的业绩排名，"能力"是更长期的、更可持续的、更具稳定性的基金表现决定因素。当然，除了基金经理的能力以外，基金的短期业绩可能受多种因素影响：宏观、行业、个股层面的不可控因素都会（正面地/负面地）影响短期业绩。在能力识别方面有以下几个关键问题：用什么方法来识别能力？采用什么标准来评价能力？能力具有可持续性吗？

识别基金经理的能力有利于实际的基金投资。完成能力识别后，根据能力评价，我们可以把有能力的基金构建成FOF投资组合，并取得不俗的投资收益。在考察FOF的业绩表现时，本书采用样本外检验的方法以确保FOF的构建方法具有指导投资的现实意义。同时，我们将看到以能力为构建标准的FOF在一个较长的时间跨度上的投资表现优异，这也印证了能力是长期的、可持续的业绩决定因素。

基金经理的能力一直都是十分热门的研究领域。如何更准确地识别基金经理的能力？基金经理的能力源自哪里？在能力识别方面，由于实证检验数据固有的限制，提高识别精确度一直是热门但困难的研究领域。本书将介绍和运用两种前沿的提高识别精确度的调整方法（Bootstrap法与FDR法）。在能力来源方面，社会网络作为基金经理重要的信息获取渠道，对经理的投资决策影响重大。本书将介绍如何度量社会网络并构建社交指数和对应的FOF策略。

本书由中山大学陈玉罡教授负责写作指导、统筹、规划和内容修改、校正，陈俊杰负责上篇（第1~3章）的研究和撰写，叶青青负责中篇（第4~6章）的研究和撰写，熊晨希负责下篇（第7~9章）的研究和撰写。

本书获得了国家自然科学基金面上项目（71972191）、国家自然科学基金联合基金项目（U1811462）、广东省自然科学基金项目（2019A1515011394）、中山大学2019年度"三大"建设文科重要成果培育专项基金的资助。

感谢读者选择本书，由于时间和能力有限，书中难免有错漏之处，欢迎各位读者批评指正！

陈玉罡

2022年10月

目录

上篇　中国基金经理的选股能力识别

下篇　基金经理能力来源——社会网络

上篇　中国基金经理的选股能力识别

近年来，中国人均收入水平的不断提高催生了旺盛的理财需求，给公募基金行业带来巨大机遇。同时，中国资本市场不断开放，资本市场的市场化程度不断被完善，随之而来的是更激烈的竞争和更难获得的超额收益。对于投资者而言，公募基金的规模效应能降低投资研究和信息获取的成本，是财富净值化管理的重要工具。面对繁多的选择，如何挑选基金成了直接关乎投资收益的重要问题。本书涵盖了基金经理能力研究的许多方面，提供了基金经理能力识别和FOF策略构建的框架和案例。根据研究问题的不同，本书内容分为上、中、下三篇。其中，上篇着重研究基金经理的选股能力；中篇着重研究基金经理的择时能力；下篇着重研究基金经理能力来源中的一个社会学因素——社会网络。每一篇的章节内容大致按照如下顺序安排：首先介绍相关研究的理论基础，然后阐述本书中运用的研究方法，最后汇总研究结论。

在基金经理能力识别的研究中，最早开始的便是选股能力的识别，因此该领域的研究积累最多。作为本书的第一篇，本篇从优化中国基金经理能力识别方面入手，运用前沿的中国三因子模型及Bootstrap方法识别选股能力，并构建相应的FOF投资策略。

第1章　基金经理选股能力的理论框架

1.1　研究背景

2021年底，中国公募基金产品数量为9 288只，管理资产规模超过25万亿元人民币。与2019年底相比，基金数量增长了42%，管理资产规模增长了66%。基金经理作为基金管理人，在很大程度上决定了基金的业绩表现。在学术研究中，基金经理的能力通常被分为两个维度，分别是选股能力和择时能力。选股能力指基金经理能在股票上涨的时候持有更多的股票，体现出“选对股票”的能力；择时能力指基金经理能在市场上涨的时候加大基金整体的风险暴露，而在市场下跌的时候减少基金整体的风险暴露，体现出基金经理对市场进入退出时机的把控能力。本篇的关注点主要在基金经理的选股能力。

管理公募基金的经理人是否具有超越市场、给资产带来增值的能力一直是研究的热门话题。自Jensen（1968）以来，许多学者在研究基金经理能力方面作出了不少尝试，但是至今仍未有一致的结论。在中国基金市场方面，有不少的文献对中国的基金经理能力进行了研究，但由于各自研究方法和样本选取的不同，往往也得出不同的结论。

以往的研究常用因子模型来衡量基金经理的选股能力，其中选取什么模型作为衡量的基准尤其重要，会直接影响研究结论。Liu et al.（2019）提出了对中国股票市场解释力度更好的中国三因子模型。作为更适合中国股票市场的新因子模型，相对于传统的因子模型，它衡量基金经理能力的标准发生了改变，这会对选股能力的研究结论造成什么影响？

在主动型管理基金的研究里，Bootstrap方法部分解决了基金收益违背同分布假设和正态性假设所带来的估计不准确问题。由于Bootstrap方法良好的统计特性，该方法被广泛应用到基金经理能力的研究当中。在选股能力的研究中，Kosowski et al.（2006）和Fama and French（2010）提出的Bootstrap方法最为经典，也有许多学者尝试将其运用到对中国基金经理选股能力的研究中。然而，现有的研究大多只采用其中一种Bootstrap方法进行研究，而忽略了另外一种方法，缺少对两种方法的综合梳理。

本篇将使用更适合中国市场的因子模型（Liu et al.，2019）对中国基金经理的选股能力进行研究，并结合Bootstrap方法对基金经理的选股能力做进一步的检验。

1.2 研究问题及方法

本篇的研究问题为：应用更适合中国市场的因子模型是否能筛选出选股能力更强的基金经理？

以往的一些研究（王珏和张新民，2013；肖智泉和梁建峰，2016；Chen and Chen，2017）发现中国的股票型基金有相当一部分比例能够持续战胜市场。但在这些研究中，能持续战胜市场的基金比例随着研究的样本和方法不同而变化。在这些研究中，发现能持续战胜市场的基金最小比例为10%。也就是说，现有的研究发现在最理想的情况下能够识别出前10%的基金经理具有显著的选股能力。这些研究结果无疑是非常有意义的，为主动资产管理在中国的有效性提供了坚实的证据。然而，10%这个比例，无论是对于基金评价，还是对于投资者而言，仍然太大了。在现有的公募基金中，主动型的股票型基金和混合型基金超过3 500只，其中的10%也就是350只基金。如果能进一步提高这个比例，筛选出更优秀的基金经理，无论对于投资还是基金评价，都具有重大意义。

具有显著选股能力的基金经理的具体比例，是与研究采用的模型相关的。假如模型改变了，这个比例也会随之改变。现有的研究大多采用因子模型的超额收益α来量化基金经理的选股能力，如Fama and French三因子模型（1993）及Carhart四因子模型（1997）。这些衡量能力的模型中的因子就像一个标准，基金经理如果持续地超过这些标准，获得显著的超额收益α，就会被定义为有能力的基金经理。倘若我们提高标准，那么还能持续超过标准的经理应该会减少，在新的标准下被定义为有能力的经理，应该是更优秀的基金经理。

以往的因子模型，大多是在源自美国市场的传统三因子模型上的延伸，忽略了中国股票市场的特殊性。本篇将采用新的中国市场三因子模型（Liu et al.，2019），力求筛选出中国市场更优秀的基金经理。

除此之外，在Bootstrap方法应用于基金选股能力评价的具体做法方面，国内外文献皆未严格区分Fama and French（2010）的Bootstrap方法与Kosowski et al.（2006）的Bootstrap方法。因此，本篇还将梳理Fama and French（2010）的Bootstrap方法与Kosowski et al.（2006）的Bootstrap方法的异同，并将Bootstrap方法应用于个体基金能力评价上。

本篇采用Fama and French（1993）提出的三因子模型（以下简称FF-3模型）和Liu et al.（2019）提出的中国市场三因子模型（以下简称CH-3模型）来衡量中国股票型基金和偏股混合型基金的选股能力。具体而言，将基金收益的时间序列作为因变量，因子的时间序列作为自变量，回归分析得出的截距项便是基金的超额收益，用以衡量基金经理的选股能力。用因子模型的超额收益来衡量基金经理的选股能力，属于风险调整指标的一种。根据定义，基金经理“选对股票”的能力被定义为选股能力。那么，是否基金净值增长率为正，基金经理就具有选股能力呢？答案是否定的。Jensen（1968）采用CAPM的超额收益衡量基金经理选股能力，其考虑是股票投资本身就承担了系统风险，投资者可以预期一定的期望回报。若基金经理的投资表现差于市场整体的收益，那么被动投资策略的收益更高，“不选股”优于基金经理的“选股”，基金经理不应该被认定为具有选股能力。Jensen的思路被广泛地应用于之后的选股能力研究中，衡量基金经理能力的模型也从CAPM拓展到了多因子模型、T-M模型和H-M模型。

在选股能力研究中，由于基金收益不满足同分布假设和正态性假设，回归分析得出的截距项有可能不是基金经理能力的真实反映。也就是说，传统的t检验无法确定基金实际取得的超额收益是出于能力还是运气。Bootstrap方法放松了对基金收益的同分布要求和正态性要求，使得针对单个基金的能力评价更加准确。由于本篇的研究需要对单个基金进行业绩评价，所以还将运用Bootstrap方法来增强对基金经理能力评价的准确性，识别基金经理取得的超额收益是由于运气还是实力。具体而言，将通过理论对比 Fama and French（2010）的 Bootstrap 方法与 Kosowski et al.（2006）的Bootstrap方法，并采取更适用于评价中国市场个体基金的方法。

1.3 选股能力的衡量

对于基金经理选股能力的衡量，一般分为非风险调整指标和风险调整指标两种。非风险调整指标包括基金单位净值增长率，基金单位净值累计增长率等。显然，只考虑单位净值增长率是不全面的，因为基金收益率的波动和最大回撤等风险指标也是考量基金经理选股能力的重要因素。风险调整指标包括夏普比率、Jensen指数、多因子模型的超额收益率等。近年来，运用多因子模型的超额收益来衡量基金经理的选股能力常常见于国内外研究中。

Jensen（1968）用CAPM模型的超额收益来衡量基金经理的选股能力，实证检验了1945年至1964年115只美国市场的共同基金的表现，发现平均意义上这115只基金无法显著战胜被动投资策略，但其中有一小部分的基金经理能显著战胜市场，具有显著的选股能力；Treynor and

Mazuy（1966）提出在因子模型的基础上进一步细化，将基金经理的能力分为选股能力和择时能力，此后的研究一般称该模型为T-M模型；Henriksson and Merton（1981）在T-M模型的基础上，剔除了市场超额收益平方项中市场预期回报小于无风险利率的情况，排除了投资者在市场低迷的情况下不择时的干扰情况，使得择时能力的衡量更加准确。此后的研究一般称之为H-M模型；Titman and Grinblatt（1989）用Jensen指数来评价基金经理的选股能力，选取了美国1975年至1984年的季度数据，发现部分基金经理具有显著的选股能力，尤其是激进成长型、成长型和小规模基金的经理；Kacperczyk et al.（2005）研究了1984年到1999年美国公募基金的表现，发现集中投资在少数几个行业的基金具有显著的能力；Pastor（2002）发现，如果利用被动管理资产的回报信息，可以提升超额收益α的精确度。同时，该研究还发现相当一部分的基金具有选股能力；Dyck et al.（2013）通过比较发达国家和非发达国家的基金绩效，发现非发达国家基金的绩效更为显著；Fama and French（2010）研究了美国股票型基金，发现在平均意义上美国的股票型基金并不能显著地战胜市场、其基金经理不具有选股能力，但是其中一小部分的基金具有持续战胜市场的能力，意味着这些基金的基金经理具有显著的选股能力。Muñoz et al.（2015）研究了美国市场上社会责任型基金与传统基金在选股择时能力上的差异，结果发现这两种类型的基金在整体上都不具备显著的选股能力，且选股择时能力在两种基金间差异也不显著。总的来说，由于研究样本和研究方法的不同，国外的研究并未得出一致的结论。

然而，中国基金市场与美国基金市场发展程度不同，导致在中国基金市场采用与在美国基金市场同样的研究框架和方法进行研究有时会得出不同的结论。Liu et al.（2019）发现了更适合中国市场的因子模型。具体而言，CH-3模型在Fama-MacBeth回归和对中国市场异象的解释上比FF-3模型表现得更好。CH-3模型能解释中国市场大部分已被发现的异象，而FF-3模型只能解释较少的部分异象。这意味着，倘若将该模型运用于衡量基金经理的选股能力，新的因子将会是基金经理更难以超越的标准。在FF-3模型下展现显著超额收益的经理在新模型的评价下可能不再具有显著的超额收益。

1.4 选股能力及Bootstrap方法的研究现状

1.4.1 中国市场基金经理选股能力研究现状

国内学者也对中国市场基金经理选股的能力进行了许多研究，但结论也并不统一。有些研究发现中国的基金经理具有选股能力：张婷和李凯（2000）应用事后证券组合特征曲线的回归分析（实质是T-M模型），发现样本中的基金全都获得了显著的超额收益，展现出优良的股票选择能力；沈维涛和黄兴李（2001）应用经典的T-M模型和H-M模型，发现我国投资证券基金的业绩总体上优于市场组合，且基金展现出显著的选股能力；魏立波（2010）选取了2006年至2009年期间共41只开放式基金进行研究，发现个别基金具有显著的选股能力，但样本整体不具备显著的择时能力；Fang and Wang（2015）利用T-M模型对中国市场的基金进行研究，发现整体而言选股能力为正，还发现拥有工商管理硕士学位或特许金融分析师证书的基金经理拥有更强的选股能力；Chen et al.（2018）研究了基金经理绩效与历史职业背景的关系，发现曾任行业研究员的基金经理展现出显著的选股能力，而曾任宏观分析师的基金经理展现出更强的择时能力。在控制了基金经理的个人特征之后，这些现象仍然存在。另外也有一些研究发现中国的基金经理并不具有显著超越市场的能力：张新和杜书明（2002）运用夏普比率、Jensen指数等指标对1999年至2001年的22只基金进行能力研究，结果发现在剔除了新股配售的影响后，中国基金并未取得超额收益；杨育生（2010）利用T-M模型和H-M模型，对中国25只开放式基金的日数据进行分析，发现选股能力和择时能力都不显著。

上述研究的结论不统一，其中的一个关键因素是实证样本选择不同。本篇将以我国自第一只开放式股票型基金成立以来的所有基金作为研究样本，尽量避免样本选择性误差。

1.4.2 Bootstrap方法与选股能力的研究现状

在研究单个基金的能力时，基金的个体风险无法像研究整体基金市场时一样忽略不计。基金特质性风险导致的收益非正态性和基金间收益非同分布性令传统的t检验无法准确地判断个体基金的能力是否显著。因此，基金经理取得超额收益是由于运气还是实力在t检验下得到的结论不再可靠。这也部分导致了对国内基金经理的研究结论之间大相径庭。

Kosowski et al.（2006）提出一种不需要事前假设基金收益率分布的Bootstrap方法，用抽样来构建基金的收益分布，从而很好地解决了非正态性和非同分布性问题。通过该方法，可以区分基金已实现的超额收益到底是由于运气还是基金经理的实力。该研究发现美国超额收益t值中排名前5%的基金经理展现出持续的选股能力。

Fama and French（2010）提出了一种不同抽样模式的Bootstrap方法。这种方法联合抽取基金的收益和因子的收益，因此能够保留因子收益与残差之间的波动率相关性，同时还能保留基金间超额收益的相关性。通过分析与Kosowski et al.（2006）不同的样本，该研究发现有显著选股能力的基金经理比例低于5%。

评价基金经理能力的Bootstrap方法被提出以后，许多学者运用该方法进行了研究。Cuthbertson et al.（2008）沿用Kosowski et al.（2006）的方法研究了英国股票型公募基金，对回归的残差进行抽栏，发现其中较小部分的基金经理体现出选股能力，但是能力不持续；Barras et al.（2010）研究美国的样本发现75%的基金超额收益为0，没有体现出选股能力，但也有一部分的基金展现出显著为正的α。

国内的学者也尝试将Bootstrap方法应用于中国市场的基金经理能力研究中。王珏和张新民（2013）结合四因子模型和Bootstrap方法研究开放式股票型基金经理的选股能力，结果表明，我国至少有10%的基金经理具有良好的选股能力，有一半以上的基金经理不具备选股能力；肖智泉和梁建峰（2016）结合Carhart四因子模型与Bootstrap方法发现在99.5%置信度下风险调整收益排名前40%的基金经理具备显著的非偶然性选股能力。Chen and Chen（2017）用四因子模型和Bootstrap方法评价中国证券基金的整体能力，发现中国基金确实表现出一定的整体能力。Yang and Liu（2017）将Bootstrap方法分别应用于四因子模型回归的α和Daniel et al.（1997）构造的选股指标（Characteristic Selectivity，CS）和择时指标（Characteristic Timing，CT）上，对整个期间与子期间基金绩效进行讨论，研究发现：中国基金经理没有显著的选股能力。

总的来说，因子模型超额收益被广泛用于研究基金经理的选股能力。对于中国基金市场，现有的研究大多直接使用发展自美国市场的因子模型或其衍生模型，没有考虑中国市场由于发展阶段不同而带来的特殊性。Liu et al.（2019）发现了在中国股票市场解释力度更好的CH-3模型，为基金经理能力研究带来了改进的可能。

另外，由于基金收益率不满足正态性假设和同分布假设，在对个体基金进行评价的时候，传统的t检验无法得出准确的结论。而Bootstrap方法的提出解决了这个问题，且该方法也被应用在中国基金经理的研究中。然而，不同的Bootstrap方法之间有差异，目前的研究并未过多地讨论这些差异，而是直接应用其中一种进行研究。找出不同方法间的差异在哪、如何理解这些差异是亟待解决的问题。

1.5 本篇创新点

本篇的创新点主要有两个：

第一，现有的研究中国基金经理选股能力的文献大多沿用在美国股票市场适用的因子模型，如Fama and French（1993）的三因子模型、Carhart（1997）的四因子模型和Fama and French（2015）的五因子模型等。然而，Liu et al.（2019）在考虑了中国市场的特殊性后提出了中国三因子模型，并发现Fama and French（1993）的三因子模型对中国A股市场股票回报的解释力度没有中国三因子模型好。也就是说，Liu et al.（2019）提出的中国三因子模型更适用于解释A股市场的股票回报。在基金经理选股能力研究方面，本篇将应用更适合中国资本市场的因子模型，力求筛选出更优秀的基金经理。

第二，现有的国内外文献在研究基金经理的能力时，基本不对Fama and French（2010）的Bootstrap方法和Kosowski et al.（2006）的Bootstrap方法进行区分，只是应用其中任意一种研究框架进行研究。这两种方法之间虽联系紧密，并且都可用于评价个体基金的能力，但它们之间也有区别。本篇将从理论上论证哪种Bootstrap方法更适用于评价中国市场的基金，并运用Bootstrap方法对基金经理的选股能力进行准确评价，筛选具有显著选股能力的基金经理。

第2章　选股能力的模型及研究方法

2.1　如何筛选出选股能力更优秀的基金经理？

用因子模型的超额收益来衡量基金经理的选股能力，会使得能力的衡量受因子选择的影响。例如对同样一只基金，其Carhart（1997）四因子模型超额收益，会小于Fama and French（1993）三因子模型的超额收益，因为多加入了一个因子，基金经理需要超越的标准提高了。换句话说，在同样用超额收益来衡量能力的前提下，其能力“降低”了。从另外一个方面看，倘若我们能发掘更多因子，或者找到更好的因子，也就能不断提高对基金经理能力衡量的严苛程度。需要超越的标准越高，能够超越高标准的经理人数就越少，仍能超越高标准的基金经理便是更优秀的基金经理。

Liu et al.（2019）发现了更合适中国股票市场的因子模型。具体而言，由于中国A股市场的特性，小市值的股票更容易成为借壳上市的标的，所以小市值股票的回报除了受规模因素影响，还受到成为借壳标的潜在可能（壳价值）的影响。因此，该研究将A股市值最小的30%股票剔除，再利用剩余的70%股票构造市场因子和规模因子，具体的构建方法与FF-3模型中构建市场因子和规模因子的方法相同。另外，通过Fama-MacBeth回归分析，该研究还发现用盈利-市价比率（Earnings-Price ratio）构建的价值因子比用账面-市价比率（Book-to-Market ratio）构建的价值因子更能捕捉到中国A股市场的价值效应，因此将FF-3模型中的价值因子替换。该研究发现，在对中国市场异象的解释上，CH-3模型比FF-3模型表现更好。CH-3模型能解释中国市场大部分已被发现的异象，而FF-3模型只能解释较少的部分异象。这意味着相比于用FF-3模型，在CH-3模型的衡量下投资者将更难赚取超额收益。

Liu et al.（2019）研究中因子模型的解释对象是股票收益，而非基金收益。检验中国市场异象时构造的投资策略也比较常见，不可能包含基金实际使用的所有策略，因此其结论在基金市场上不一定成立。所以，本篇将实证检验CH-3模型在解释中国基金收益方面的表现，并对比FF-3模型，研究CH-3模型是否能够筛选出选股能力更优秀的基金经理。

2.2 选股能力模型

本篇采用Fama and French（1993）的三因子模型（FF-3）和Liu et al.（2019）的三因子模型（CH-3）来对基金经理选股能力进行评价。其中，FF-3模型为：

$$R_{i,t} - R_{ft} = \alpha_i + \beta_{MKT,i}\left(R_{Mt} - R_{ft}\right) + \beta_{SMB,i}SMB_t + \beta_{HML,i}HML_t + e_{i,t} \tag{1-1}$$

其中：$R_{i,t}$为基金i在t月的收益率，用基金的月复权单位净值增长率衡量；R_{ft}为t月的无风险回报率，用一年期存款基准利率衡量；R_{Mt}为中国A股市场全部流通股按市值加权的t月回报率；SMB_t为t月小规模股票组合和大规模股票组合的加权收益率之差；HML_t为t月高账面-市价比率组合和低账面-市价比率组合的加权收益率之差；$\beta_{MKT,i}$、$\beta_{SMB,i}$、$\beta_{HML,i}$分别是基金i在三个因子上的风险暴露水平，也称因子载荷；$e_{i,t}$

为随机扰动项；α_i是截距项，用以衡量基金经理的选股能力。若基金收益持续高于因子组合，截距项显著为正，说明基金经理具有选股能力；若基金收益持续低于因子组合，截距项显著为负，说明基金经理不具有选股能力。

CH-3模型为：

$$R_{i,t} - R_{ft} = \alpha_i + \beta_{MKTCH,i}\left(R_{MCHt} - R_{ft}\right) + \beta_{SMBCH,i}SMB_t + \beta_{VMG,i}VMG_t + e_{i,t} \quad (1\text{-}2)$$

其中：$R_{i,t}$为基金i在t月的收益率，用基金的月复权单位净值增长率衡量；R_{ft}为t月的无风险回报率，用一年期存款基准利率衡量；R_{MCHt}为中国A股市场剔除市值最小的30%股票后全部流通股按市值加权的t月回报率；SMB_t为t月剔除市值最小的30%股票后小规模股票组合和大规模股票组合的加权收益率之差；VMG_t为t月剔除市值最小的30%股票后高盈利-市价比率组合和低盈利-市价比率组合的加权收益率之差，因子的具体计算方法见Liu et al.（2019）；$\beta_{MKTCH,i}$、$\beta_{SM3CH,i}$、$\beta_{VMG,i}$为对应的风险暴露水平；$e_{i,t}$为随机扰动项；α_i是截距项。

2.3 回归分析与Bootstrap方法

（1）回归分析

判断基金经理选股能力的基准是回归分析。对于中国基金市场整体，因变量基金月收益率是所有经理的综合表现，如市值加权收益率、等权重收益率；对于单只基金的分析，因变量则是该基金的收益率序列。本篇采用普通最小二乘法（OLS）估计FF-3模型和CH-3模型的截距项。由于时间序列分析中残差项可能存在异方差和自相关问题，本篇所有t检验统计量都是基于经过Newey and West（1987）方法调整的标准误计算的。

另外，本篇采用Bootstrap方法对基金经理选股能力的显著性做进一步的检验。在现有的文献中，以下两种Bootstrap方法最为常见。

（2）Kosowski et al.（2006）的Bootstrap方法

基于个体基金的收益率数据和因子数据，回归分析可以得到个体基金的超额收益α及对应t值。但是，基金特质性风险导致的收益非正态性和基金间收益非同分布性导致传统的t检验无法准确地判断个体基金的能力是否显著。Bootstrap方法不需要事前假设基金收益率分布，而是用抽样来构建基金的收益分布，从而很好地解决了非正态性和非同分布性问题，进而区分基金已实现的超额收益到底是由于运气还是基金经理的实力。

Kosowski et al.（2006）提出的Bootstrap方法如下：

第一步，对于基金i应用多因子模型进行OLS回归，得到各参数的估计值和残差，以FF-3模型为例，回归后得到：

$$R_{i,t} - R_{ft} = \hat{\alpha}_i + \hat{\beta}_{MKT,i}\left(R_{Mt} - R_{ft}\right) + \hat{\beta}_{SMB,i}SMB_t + \hat{\beta}_{HML,i}HML_t + \hat{\varepsilon}_{i,t} \tag{1-3}$$

其中：$\hat{\alpha}_i$、$\hat{\beta}_{MKT,\ i}$、$\hat{\beta}_{SMB,\ i}$、$\hat{\beta}_{HML,\ i}$为参数的估计值；$\hat{\varepsilon}_{i,\ t}$为残差时间序列，其中时间$t$的范围是基金$i$的第一个月收益率数据的时间到最后一个月收益率数据的时间。

另外，计算截距项的t统计量$\hat{t}_{\hat{\alpha}_i}$。然后，将以上的参数、残差和t检验统计量保存。

第二步，在一次抽样回合b中，对基金i的回归残差进行有放回抽样，得到人为构建的残差序列$\hat{\varepsilon}^b_{i,\ t_\varepsilon}$，其中上标$b$为抽样的样本编号，若重复抽样回合总次数为1 000次，则b的取值范围为1到1 000。下标中的t_ε代表抽样样本时间标签，每一个时间标签都是原始残差序列中随机抽取的，将随机抽取到的残差按抽取顺序排列，就得到了人为构建的残差序列$\hat{\varepsilon}^b_{i,\ t_\varepsilon}$。抽样产生的残差时间序列长度与原始序列相同，但顺序被打乱。同时，因子的时间序列不进行抽样，所以没有变化。

第三步，构建基金月收益率序列。结合第一步保存的回归参数和第二步抽取的残差，将超额收益设为0，得到人为构建的月收益率数据$R^b_{i,\ t}$。

$$R^b_{i,t} - R_{ft} = \hat{\beta}_{MKT,i}\left(R_{Mt} - R_{ft}\right) + \hat{\beta}_{SMB,i}SMB_t + \hat{\beta}_{HML,i}HML_t + \hat{\varepsilon}^b_{i,t_\varepsilon} \tag{1-4}$$

第四步，将第三步构建的月收益率序列应用FF-3模型进行回归分析，得到抽样的截距项$\hat{\alpha}^b_i$和对应的t统计量$\hat{t}^b_{\hat{\alpha}_i}$。在第三步的月收益率数据$R^b_{i,\ t}$的构建中，超额收益被设定为0，所以在此步骤得到的超额收

益 $\hat{\alpha}_i^b$ 和 $\hat{t}_{\hat{\alpha}_i}^b$ 期望值为0。若实际回归得到的值大于0或者小于0，是因为第二步残差抽取导致的。抽取残差时若抽取到比较多的大于0的值，则本步骤回归得到的 $\hat{\alpha}_i^b$ 和 $\hat{t}_{\hat{\alpha}_i}^b$ 大于0，若抽取到比较多的小于0的值，则本步骤回归得到的 $\hat{\alpha}_i^b$ 和 $\hat{t}_{\hat{\alpha}_i}^b$ 小于0。由于第二步的残差抽取完全是随机的，所以本步骤得到的大于0或小于0的 $\hat{\alpha}_i^b$ 和 $\hat{t}_{\hat{\alpha}_i}^b$，完全是由抽样本身导致的。

第五步，对所有基金进行前面四步操作，得到超额收益 $\hat{\alpha}_i^b$（或 $\hat{t}_{\hat{\alpha}_i}^b$）的基金截面分布。然后，重复以上步骤1 000次（b=1，…，1000），就可以得到超额收益的 $\hat{\alpha}_i^b$（或 $\hat{t}_{\hat{\alpha}_i}^b$）截面分布的分布。比如所有抽样回合中超额收益 $\hat{\alpha}_i^b$（或 $\hat{t}_{\hat{\alpha}_i}^b$）的1%分位数，将构成1%分位数截面分布。注意每次抽样回合中 $\hat{\alpha}_i^b$（或 $\hat{t}_{\hat{\alpha}_i}^b$）的1%分位数不一定是同一只基金。

第六步，对比基金实际超额收益（第一步回归得到的 $\hat{\alpha}_i$）或 $\hat{t}_{\hat{\alpha}_i}$ 和抽样超额收益（或 $\hat{t}_{\hat{\alpha}_i}^b$）分位数对应的截面分布，计算Bootstrap得到的超额收益（或 $\hat{t}_{\hat{\alpha}_i}^b$）超过实际超额收益（或 $\hat{t}_{\hat{\alpha}_i}$）的频率，得到Bootstrap p 值，其数学表达式如下（以 t 值为例）：

$$\text{Bootstrap}p = \frac{1}{1\,000}\sum_{b=1}^{1\,000} I_{/\hat{t}_{\hat{\alpha}_i,q}^b/>/\hat{t}_{\hat{\alpha}_i}/} \tag{1-5}$$

其中：I 为计数符号，满足下标条件的则计1，否则计0；$\hat{t}_{\hat{\alpha}_i,q}^b$ 为基金V的模拟 t 值，其中下标 q 是分位数；$\hat{t}_{\hat{\alpha}_i}$ 为基金 i 的真实 t 值。

第一步回归中，我们得到基金超额收益 $\hat{\alpha}$（或 $\hat{t}_{\hat{\alpha}_i}$）分布，假设其1%分位数是1.5%，而Bootstrap得到的1%分位数截面分布有5%的 $\hat{\alpha}_i^b$（或 $\hat{t}_{\hat{\alpha}_i}^b$）大于1.5%，则Bootstrap p 值=0.05。这意味着单纯靠运气（抽样），只有5%的概率能取得比1.5%更高的超额收益（或 $\hat{t}_{\hat{\alpha}_i}$），也就是说实际位于1%分位数的基金，很可能是靠能力取得这1.5%的超额收益（或 $\hat{t}_{\hat{\alpha}_i}$），而非靠运气。若Bootstrap p 值=0.3，则意味着依靠运气（抽样）有30%的概率取得比1.5%还高的超额收益（或 $\hat{t}_{\hat{\alpha}_i}$），那么这1.5%的实际超额收益（或 $\hat{t}_{\hat{\alpha}_i}$），很可能是由于运气取得的（结论取决于所设定的显著性水平）。

（3）Fama and French（2010）的Bootstrap方法

Fama and French（2010）提出的Bootstrap方法，则是将基金本身的超额收益从原始收益率序列中减去，由此构造$\alpha=0$的收益率序列。在具体抽样方法方面，该方法直接对时间这个参数进行抽样，同时抽取基金收益率和因子收益，并且每一轮抽样对于所有基金而言时间参数相同，不对基金进行单独抽样。由于因子模型无法捕捉到所有导致基金收益率变动的系统性因素，所以不同基金间的截距项α存在截面相关性，Kosowski et al.（2006）的Bootstrap方法对不同的基金单独抽样，这样就忽略了α之间的截面相关性。Fama and French（2010）的Bootstrap方法的联合抽样保留了基金间超额收益的相关性，同时还能保留因子收益与残差之间的波动率相关性，比Kosowski et al.（2006）的Bootstrap方法留下了更多信息。

实现过程如下：

第一步，与Kosowski et al.（2006）的Bootstrap方法相同，对每只基金i进行回归分析，得到FF-3模型的超额收益$\hat{\alpha}_i$（或$\hat{t}_{\hat{\alpha}_i}$）。

第二步，每只基金的原始收益率序列减去该基金的超额收益$\hat{\alpha}_i$，得到0-α收益率空间。

第三步，对时间参数进行有放回抽样。本篇的全样本从2001年10月到2019年11月共218个月，对时间参数抽样即对218个月抽样。抽样的结果是长度为218的时间序列，但抽样产生的序列不再是按正常时间排序的。为了保证后续回归分析结果的稳健性，本步骤中若某只基金抽样的收益率数据小于8个，则剔除该基金。

第四步，每一轮抽样，将按抽样时间序列排序的因子收益与按抽样时间序列排序的基金0-α收益率回归，得到每只基金的抽样超额收益$\hat{\alpha}_i^b$或$\hat{t}_{\hat{\alpha}_i}^b$，组成超额收益（或$\hat{t}_{\hat{\alpha}_i}^b$）基金截面分布。

第五步，将上述步骤重复1 000次（b=1，…，1 000），得到超额收益的$\hat{\alpha}_i^b$（或$\hat{t}_{\hat{\alpha}_i}^b$）截面分布的分布。同样，每次抽样的某一固定分位数并不一定是同一只基金。

（4）哪种方法更适合中国市场？

两种Bootstrap方法本质上都是对0-α收益率序列进行抽样，再通过回归分析构建0-α空间下的α或t值分布，且都是通过对比真实的α或t值与0-α空间下α或t值的分布，进而判断真实α或t值的取得是因为运气还是真正的实力。但Kosowski et al.（2006）的Bootstrap方法是将超额收益α设置为0，通过重复抽取残差构造多个0-α收益率序列。而Fama and French（2010）的Bootstrap方法则是通过原始收益率序列减去回归的超额收益构造0-α序列，直接抽取时间参数构造多个0-α收益率序列。

两种方法的不同点主要在于Fama and French（2010）的Bootstrap方法是联合抽样，因此保留了基金间超额收益的相关性，同时还能保留因子收益与残差之间的波动率相关性。而Kosowski et al.（2006）的Bootstrap方法对不同的基金单独抽样，没有考虑超额收益α之间的相关性和因子收益与残差之间的相关性。

Fama and French（2010）的Bootstrap方法更适合中国市场，因为因子模型对中国基金市场收益的解释力度并不像对美国市场那么高。具体而言，Fama and French（2010）分析了美国基金市场1984年到2006年的数据，FF-3模型对于市场平均加权的基金收益率的R方是0.98，对于价值加权的基金收益率R方是0.99。可以说FF-3模型几乎解释了所有基金收益率的波动。然而本篇发现FF-3模型对中国基金市场收益率的R方在0.9左右（详细分析见实证部分）。也就是说，中国基金市场的收益还有相当大的部分（相比于美国）波动无法被因子模型所解释。在这种情况下，保留基金间超额收益的相关性以及因子收益与残差之间的相关性便十分重要，这样能使Bootstrap方法得到的结论更准确。

2.4 研究设计

本篇将通过以下几个步骤来探究CH-3模型相比FF-3模型是否能筛选出更优秀的基金经理。

步骤一：考察对于中国整体基金市场，CH-3模型的超额收益α及对应的t值是否小于FF-3模型的超额收益α和t值。

若CH-3模型的α及t值小于FF-3模型的α和t值，说明对于市场整体而言，CH-3模型的确更难超越。另外，除了观察全样本外，还将通过观察子样本的α和t值作出更全面的判断。

步骤二：考察对于个体基金，CH-3模型的超额收益α对应的t值是否小于FF-3模型的超额收益α的t值。

对于每个基金，通过应用CH-3模型和FF-3模型得到两个不同的α的t值，再通过t检验来检验改变模型是否显著地降低了t值。由于每个基金之间的异质性风险不同，所以t检验的对象是基金运用不同模型得到的t值的差。

步骤三：若步骤二中t值在CH-3模型下显著降低，进一步比较两个模型t值大于0的基金中，p值小于1%、5%、10%三个显著性水平的基金数量，观察数量是否减少。另外考察两个模型筛选出的基金重合度。

由于步骤二只是对比了所有基金样本，所以t值的整体显著降低可能不是发生在能力显著的基金上，而是大面积地发生在没有能力或者能力很差的基金上。本步骤只检验在两个模型评价下优秀的基金，考察优秀基金经理的表现。另外，若CH-3模型拟筛选出的更优秀基金与FF-3模型筛选出的优秀基金重合度很低，甚至是FF-3模型筛选出能力很差的基金，这样的结果将失去说服力。所以，还将比对两个模型筛选出的优秀基金的重合度。

步骤四：利用Bootstrap方法，对极端值处的基金t值显著性进行进一步检验，排除历史表现优秀的基金经理是通过运气获得收益的可能性。

步骤五：考察CH-3模型和FF-3模型筛选出的优秀的基金样本外表现，观察CH-3模型筛选出的优秀基金的选股表现是否好于FF-3模型筛选出的优秀基金。

2.5 样本选择与数据来源

本篇选取中国基金市场的开放式普通股票型基金和偏股混合型基金作为研究对象。2001年9月28日，中国第一只偏股混合型基金——南方稳健成长正式公开发行。截止到2019年12月1日，普通股票型基金和偏股混合型基金共设立1 404只，其中包括415只普通股票型基金和989只偏股混合型基金。为了避免过多的新成立基金对分析产生影响，本篇的样本只选取2017年1月1日前成立的基金。也就是说样本剔除了2017年1月1日到2019年12月1日成立的基金。剔除过后剩余基金767只，其中普通股票型基金210只，偏股混合型基金557只。由于本篇回归分析的因变量基金收益是月频率数据，所以数据选取的区间由2001年10月开始至2019年11月结束，共218个月，基金收益率观测值共73 289个。

基金复权月单位净值、基金规模、A股股票月收益率、市盈率、公司总市值的数据来自CSMAR数据库。其中，复权月单位净值用于计算基金月复权单位净值增长率，基金规模用于加权计算整体基金收益率。由于我国的开放式基金没有倒闭清盘记录，所以样本不存在幸存者偏差。股票收益率、市盈率、公司总市值等数据用于计算CH-3模型的因子收益。FF-3模型的因子收益数据和无风险利率数据来自中央财经大学中国资产管理研究中心。

第3章　数据分析及结论

3.1　描述性统计

表3-1是各变量2001年10月至2019年11月的描述性统计。表中，R_i是基金月收益率，均值和中值都在1%左右，标准差为7.36%，远大于均值，展现出权益投资的高风险属性。$R_M - R_f$是市场因子，无论是FF-3模型的市场因子还是CH-3模型的市场因子，其均值和中值都低于基金月收益率，标准差高于基金月收益率，说明基金整体的表现可能比市场因子更好，但还需进一步检验。FF-3模型的规模因子SMB均值为0.61%，与CH-3模型的规模因子均值0.67%相近。然而两者的中值差距较大，FF-3模型的规模因子的中值为0.71%，而CH-3模型的规模因子中值为0.23%，说明CH-3模型的规模因子大多收益比较低。然而，CH-3模型中的价值因子VMG收益为每月1.2%，远高于FF-3模型中的价值因子HML的收益，后者的收益只有每月0.28%。此外，价值因子VMG的均值-标准差比远大于HML，体现出该因子在中国市场的适用

性，也部分说明了采用CH-3模型衡量基金经理能力的必要性。

表 3-1　　**描述性统计**

	R_i（%）	R_M-R_f（%）	SMB（%）	HML（%）	R_M-R_f（%）CH-3	SMB（%）CH-3	VMG（%）CH-3
均值	0.95	0.69	0.61	0.28	0.58	0.67	1.20
标准差	7.36	8.56	4.30	3.40	7.85	4.52	3.79
中值	0.92	0.89	0.71	0.13	0.69	0.23	1.13
最小值	-36.20	-27.43	-15.98	-17.72	-25.47	-17.35	-10.28
最大值	45.54	31.45	16.68	15.64	24.58	17.73	15.17

数据来源：CSMAR数据库（China Stock Market & Accounting Research Database）、中央财经大学中国资产管理研究中心、作者计算.

图3-1是进行标准化后的月收益率概率密度函数图。标准化的方法是减去样本均值再除以样本标准差。图中实线是样本的概率密度，虚线是标准正态分布的概率密度。可以明显看出我国股票型基金和偏股混合型基金的月收益率具有尖峰厚尾特征。标准化的月收益率JB-test的p值小于0.01，说明标准化月收益率不服从正态分布。

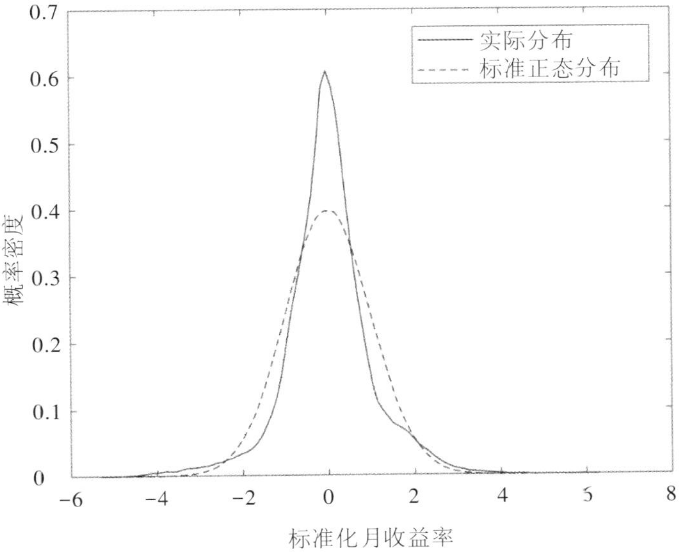

图3-1　标准化月收益率概率密度图

3.2 中国因子模型检验

3.2.1 基于市场整体的中国因子模型检验

本节将基金市场视作一个整体，通过加权的方法计算市场的收益率，并通过回归分析考察市场整体是否存在显著超额收益，以及CH-3模型的运用能否降低α和t值。加权的方法有两种，分别是等权重加权和规模加权。等权重加权即每个月的基金市场收益等于所有基金月收益的算术平均。规模加权则将当月初基金规模占总基金市场规模的比例作为基金月收益率的权重，计算出基金市场月收益率。表3-2是基金市场月收益率的描述性统计。等权重平均和价值加权平均差异不大，但两种算法都比表3-1中的全体样本均值更大，标准差更小，这体现了分散化投资带来的好处。

表3-2 基金市场月收益率描述性统计

	均值	标准差	中值	最小值	最大值
等权重平均（%）	1.23	6.55	1.45	−23.82	19.96
价值加权平均（%）	1.12	6.59	1.41	−24.76	18.88

数据来源：CSMAR数据库、作者计算.

接下来对两种加权方式的基金市场月收益率进行回归分析。表3-3展示了用FF-3模型对等权重平均收益率和价值加权平均收益率回归分析的结果。两个回归的R方都在0.9左右，说明解释变量能解释大部分被解释变量的波动，但值得一提的是，Fama and French（2010）用FF-3模型分析美国市场的基金，R方等于0.98，明显大于用同样模型衡量中国基金市场的R方，也就是说在中国市场还有一些解释基金收益的系统性因素没有被该模型捕捉到。两种加权方式回归的α分别是0.81和0.72，而且都显著大于0，说明基金市场整体存在显著的选股能力。价值加权平均的α低于等权重平均的α，说明小规模的基金获取超额收益的能力可能较强，也印证了随基金规模增大超额收益会递减的规律。

表3-3　**基金市场回归分析（FF-3）**

FF-3模型	α	β_{MKT}	β_{SMB}	β_{HML}	R^2
等权重平均	0.8106*** （5.60）	0.7545*** （42.92）	-0.2663*** （-7.25）	-0.4709*** （-10.44）	0.8977
价值加权平均	0.7217*** （4.95）	0.7612*** （42.96）	-0.3035*** （-8.19）	-0.4813*** （-10.59）	0.8972

注：括号内为t值；上标***、**、*分别表示在1%、5%、10%显著性水平（单侧）下显著。

表3-4分析了CH-3模型的回归情况。两种加权方式回归的α分别是0.60和0.48，比FF-3模型下分别下降了0.21和0.24，年化后则相当于每年分别下降了2.4%和2.88%。t统计量同时也有所下降，但仍然显著。CH-3模型的R方也都在0.9左右，维持对基金市场收益率波动良好的解释力度。同时，CH-3模型有效地降低了超额收益α和t值。说明对于市场整体而言，CH-3模型的确是一个更加严格更难超越的模型。

表3-4　**基金市场回归分析（CH-3）**

CH-3模型	α	β_{MKT}	β_{SMB}	β_{HML}	R^2
等权重平均	0.6037** （3.19）	0.7600*** （34.58）	-0.2747*** （-5.88）	-0.5520*** （-9.57）	0.8936
价值加权平均	0.4811* （2.52）	0.7701*** （34.82）	-0.2527*** （-5.37）	-0.5346*** （-9.21）	0.8934

注：括号内为t值；上标***、**、*分别表示在1%、5%、10%显著性水平（单侧）下显著。

上述的分析是从2001年10月至2019年11月的全时间段回归，接下来将通过观察子样本的超额收益情况，来考察在不同时间段内CH-3模型与FF-3模型的表现差异。表3-5将等权重加权的基金市场收益率分成不同的子时间样本。表格的每一列分别是不同截止时间的回归，表格内的值则是该子样本回归的α值。如截止时间为2003，则是从2002年1月至2003年12月的等权重加权基金市场收益率与同时期因子收益回归，得到FF-3模型α（0.03）和CH-3模型α（-0.03），两者的差值为-0.06。如截止时间为2004，则是从2002年1月至2004年12月的回归。如截止时间为2018，则是从2002年1月至2018年12月的回归，以此类推。之所以这里的回归分析第一个时间截止点是2003年12月，是因为要保证回归的稳健性，要求至少有两年的数据（24个观测值）。从表3-5中可以看到，CH-3模型回归得到的α总是比FF-3模型的α要小，对α的差值（CH α－FF α）进行t检验，t值为-11.57。也就是说从不同时间长度的维度来考量，CH-3模型也能显著地降低α。这说明对于市场整体而言，CH-3模型是更难超越的模型。

表3-5 等权重子样本回归α

截止时间	2003	2004	2005	2006	2007	2008	2009	2010
FF-3 α（%）	0.03	0.44	0.46	1.02	1.18	1.13	1.05	1.02
CH-3 α（%）	-0.03	0.27	0.05	0.74	0.83	0.57	0.63	0.69
CH α－FF α（%）	-0.06	-0.17	-0.41	-0.28	-0.35	-0.56	-0.42	-0.33
截止时间	2011	2012	2013	2014	2015	2016	2017	2018
FF-3 α（%）	0.87	0.82	0.90	0.88	0.92	0.90	0.87	0.80
CH-3 α（%）	0.54	0.47	0.57	0.56	0.67	0.58	0.59	0.53
CH α－FF α（%）	-0.33	-0.35	-0.33	-0.32	-0.25	-0.32	-0.28	-0.27

3.2.2 基于基金个体的中国因子模型检验

3.2.1节讨论了基金市场作为整体在不同模型下的超额收益表现。本节讨论在应用CH-3模型评价之后，个体基金的超额收益变化。本节重点关注的指标是超额收益α的t值。因为t统计量经过了标准差及样本量的调整，消除了由于样本少和波动大带来的偏误，使得我们可以把不同基金在同一层级上进行比较。表3-6分别统计了对每个个体基金进行FF-3模型回归和CH-3模型回归后的α和t检验统计量。其中，运用CH-3模型进行回归后，超额收益的t值的均值比用FF-3模型降低了0.26，中值降低了0.19，最大值降低了0.75。t值的最小值从-3.38提升到了-2.75，没有发生预期中的降低，但t值仍是显著的。从接下来的概率密度可以看到，在$t<-2$时，两个模型的表现其实一致，所以t值最小值没有发生降低是与后面的分析结论一致的。标准差方面，CH-3模型的t值比FF-3模型t值降低了0.2，说明在CH-3模型的衡量下，t值分布更加集中，波动更小。对基金的CH-3模型t值与FF-3模型t值的差值

进行t检验，t检验统计量为−7.60，说明个体基金的超额收益α在运用CH−3模型后显著降低了。综上所述，在运用CH−3模型来评价基金时，基金的表现（α）相对更差了，因为标准更加严格了。在基金的α方面，只有中值降低了和最小值降低了，均值、最大值都提高了。但正如前面所说的，t统计量才是比较个体基金更好的指标，所以在此不过多地对α作出分析。

表3−6　**个体基金t值和α描述性统计**

t值	均值	标准差	中值	最小值	最大值
FF−3模型	1.4634	1.3732	1.4106	−3.3846	5.8224
CH−3模型	1.2049	1.1722	1.2210	−2.7471	5.0676
α（%）	均值	标准差	中值	最小值	最大值
FF−3模型	0.4680	0.4477	0.4616	−0.8816	2.1603
CH−3模型	0.5038	0.5365	0.4253	−1.0841	2.6050

图3−2将两种模型下的个体基金t值概率密度更直观地展示出来，其中虚线是FF−3模型下t值的概率密度，而实线是CH−3模型下t值的概率密度。从图3−2中可以看出，当$t<-2.2$时，两条线几乎重合，说明表现差的基金在两个模型的衡量下都是差的，而且差的程度几乎一致。表现差的基金的超额收益t值并没有因为模型的改变而产生太大改变。在$t>-2.2$的区间，CH−3的t值概率密度分布相对于FF−3的t值概率密度分布偏左，且更多的t值集中在中值附近。而在$t>2.5$区间，可以看到CH−3模型的t值概率密度明显比FF−3模型t值概率密度更小。这说明表现优秀的基金数量，因为CH−3模型的运用减少了，而表现相对一般的基金数量，在CH−3模型下更多了。总的来说，CH−3模型对于表现差的基金（$t<-2$）来说与FF−3模型几乎一致，并非更严格的标准，而对于能够获得正超额收益（$t>0$）的基金，CH−3模型是更严格的标准。

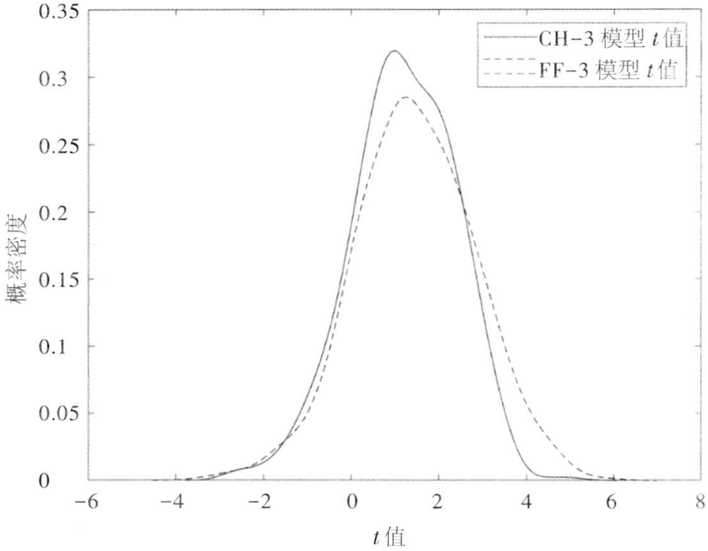

图 3-2　两种模型下个体基金超额收益 t 值的概率密度图

在论证了CH-3模型对于个体基金而言也是更严格的标准之后，我们继续观察表现优秀的基金在样本中的情况。接下来的分析选取了三个显著性水平，分别是10%、5%、1%。10%显著性水平下，即基金的超额收益单侧 t 检验 p 值小于0.1时，基金被认为是显著优秀的。同理，5%显著性水平下，p 值需要小于0.05。1%显著性水平下，p 值需要小于0.01。

表3-7统计了在获得正超额收益（$t>0$）的基金中，不同显著性水平下显著的基金占所有基金数量的比例。在10%的显著性水平下，FF-3模型有44.26%的基金获得显著的正超额收益，而在CH-3模型的衡量下只有36.89%的基金获得了显著的正超额收益。在5%的显著性水平下，这两个比例分别为34.97%和27.32%。在1%的显著性水平下，这两个比例分别为19.54%和11.34%。可以看出，CH-3模型在显著优秀的基金中提高了基金评价标准，其影响是成功地将部分（大约8%）基金经理剔除出优秀行列。

表3-7　　不同显著性水平下获得正超额收益基金占比

显著性水平	10%	5%	1%
FF-3模型	44.26%	34.97%	19.54%
CH-3模型	36.89%	27.32%	11.34%

但是，如果CH-3模型拟筛选出的更优秀基金与FF-3模型筛选出的优秀基金重合度很低，甚至CH-3模型筛选出的基金是FF-3模型定义下能力很差的基金，这样的结果可能意味着我们并没有筛选出能力更强的基金经理，而是运用了不恰当的模型对基金经理进行评价。所以，接下来我们比对CH-3模型筛选出的优秀基金与FF-3模型优秀基金的重合度，以及CH-3模型下优秀但在FF-3模型下非优秀的基金在FF-3模型下的t值排名比例。

表3-8统计了两个模型筛选出的优秀基金的重合度。由表3-8可知，在10%的显著性水平下，FF-3模型选出了总样本767只基金中的44.26%即339只基金为优秀基金。而CH-3模型筛选出了36.89%即283只。在CH-3模型筛选出的283只基金中，有80%（表3-8的第一个数据），也就是226只，同时出现在FF-3模型筛选出的优秀基金（10%显著性水平）名单中。而这个重合度比例在5%和1%的显著性水平下分别是70%和65.06%。也就是说随着显著性水平的提高，CH-3模型筛选出的优秀基金，相对更少地出现在FF-3模型筛选出的优秀基金名单当中。换句话说，CH-3模型把FF-3模型识别为非优秀的基金相对更多地纳入到优秀基金名单中。即便如此，两个模型筛选出的优秀基金重合度还是比较高的，在1%的显著性水平下有65%的基金重合。

表3-8　　CH-3模型筛选出的重合优秀基金占比及非重合基金在FF-3模型中排名比例

显著性水平	10%	5%	1%
CH-3重合优秀基金占比	80.00%	70.00%	65.06%
非重合基金在FF-3中平均排名（t值）	47%	39%	26%
非重合基金在FF-3中最低排名（t值）	51%	46%	33%

另外，表3-8还统计了不同显著性水平下，在CH-3模型下优秀但在FF-3模型下非优秀的基金在FF-3模型评价下的t值平均排名和最低排名。10%显著性水平下，非重合基金在FF-3中的t值平均排名比例是47%。这意味着CH-3模型筛选出的283只基金，其中不在FF-3模型筛选出的优秀基金名单中的有57只，在FF-3模型的衡量下，其t值的平均排名比例是47%。5%显著性水平下，平均排名比例为39%。1%显著性水平下，平均排名比例为26%。而在最低排名方面，三个显著性水平下的非重合基金在FF-3中最低排名比例分别为51%、46%、33%。通过以上分析，我们知道CH-3模型筛选出的基金，在FF-3模型的评价下也是表现不错的基金，并非表现很差的基金，说明了CH-3模型评价基金选股能力的稳健性。

3.3 进一步检验极端t值基金的能力显著性

由于基金收益的非正态性和基金间收益非同分布性，传统的t检验无法准确地判断个体基金的能力是否显著，无法准确区分实力和运气在已实现超额收益中占的比例。接下来，本节利用Bootstrap方法，对表现显著优秀的基金经理能力进行进一步的验证。由于Fama and French（2010）的Bootstrap方法考虑了基金间超额收益的相关性，同时还能保留因子收益与残差之间的波动率相关性，更加适用于因子模型解释力度相对不高的中国基金市场，本节采用该方法进行检验。其中，Bootstrap方法重复抽样次数为1 000次。

表3-9汇报了Fama and French（2010）的Bootstrap方法的结果，对t>0的极端分位数（1%~10%）进行Bootstrap检验。极端分位数选择1%~10%的其中一个原因是王珏和张新民（2013）发现中国至少有10%的基金经理存在良好的选股能力。另一个原因是表3-7说明有11.34%的基金在CH-3模型1%显著性水平下显著。综上，把优秀基金的极端分位数最大值设为10%。表中左边数据是t值的Bootstrap结果，右边是超额收益α的Bootstrap结果。每边结果分为三列，第一列为回归得到的实际分位数，第二列为1 000次Bootstrap模拟得到的分位数的均值，第

三列为模拟的t值（或α）超过实际值的次数占总抽样次数（1 000次）的比例。从表3-9中可以看到，模拟得到的t值和α平均值明显低于对应实际值，如1%分位数的t值实际值为4.57，1 000次Bootstrap模拟的平均值为2.20，α实际值为1.6%，1 000次Bootstrap模拟的平均值为0.85%。同时，模拟值超过实际值的占比几乎为0，说明表现优秀的基金经理并非因为运气而取得显著的超额收益。本篇的发现与肖智泉和梁建峰（2016）的发现一致：表现在高分位数的基金，其已实现的超额收益并非由运气而致，而是由于能力。

表3-9　Fama and French Bootstrap方法，FF-3模型

FF-3模型	t值			超额收益α		
百分位	实际值	模拟平均	实际<模拟	实际值	模拟平均	实际<模拟
1%	4.57	2.20	0.00%	1.60%	0.85%	0.00%
2%	4.33	1.95	0.00%	1.46%	0.72%	0.10%
3%	4.04	1.78	0.00%	1.31%	0.64%	0.10%
4%	3.85	1.66	0.00%	1.25%	0.58%	0.00%
5%	3.71	1.55	0.00%	1.18%	0.54%	0.00%
10%	3.22	1.20	0.00%	1.04%	0.39%	0.00%

表3-10与表3-9类似，汇报了CH-3模型下的Bcotstrap方法的结果。运用CH-3模型的情况下结论与运用FF-3模型一致：表现在高分位数的基金，其已实现的超额收益并非由运气而致，而是由于能力。运用CH-3模型使得模拟值大于实际值的频率稍微增加，但并没增加到可以拒绝基会经理获得超额收益是由于能力的原假设。

表3-10　Fama and French Bootstrap方法，CH-3模型

CH-3模型	t值			超额收益α		
百分位	实际值	模拟平均	实际<模拟	实际值	模拟平均	实际<模拟
1%	3.51	2.05	0.70%	2.06%	0.96%	0.40%
2%	3.32	1.80	0.20%	1.91%	0.81%	0.20%

续表

CH-3模型	t值			超额收益α		
百分位	实际值	模拟平均	实际<模拟	实际值	模拟平均	实际<模拟
3%	3.22	1.64	0.20%	1.63%	0.72%	0.40%
4%	3.07	1.53	0.20%	1.46%	0.66%	0.50%
5%	2.99	1.43	0.20%	1.39%	0.61%	0.30%
10%	2.69	1.11	0.20%	1.20%	0.45%	0.30%

本节应用了Bootstrap方法对回归分析中显著优秀的基金经理进行了检验。无论是在FF-3模型还是在CH-3模型的衡量下，t值和α排名前10%的基金经理，都存在显著选股能力。相比于FF-3模型，CH-3模型在Bootstrap分析中并不能进一步筛选出更优秀的基金经理。

3.4 优秀基金的样本外能力检验及FOF策略

研究的另一个方面是能力的可持续性。能力的可持续性体现在，用过去的基金表现挑选出的优秀基金在未来的表现依然优秀。在挑选出更优秀的基金经理的同时，能力的可持续性也必须得到验证，这样可持续性的能力对于基金评价和投资决策才有实践意义。Liao et al.（2017）和Yi et al.（2018）在研究基金经理的择时能力时采用了构造10%分位数投资组合的方法，并观察投资组合在不同期限的样本外超额收益，从而判断能力的可持续性。本节借鉴这两个研究的方法，通过对比FF-3模型和CH-3模型在不同分位数组合下的样本外超额收益，研究CH-3模型筛选出的优秀基金的选股表现是否好于FF-3模型筛选出的优秀基金。

分析的思路如下：首先选取3年的样本，用两个模型筛选出在t值三个分位数（10%、5%、1%）下显著优秀的基金。再对比各分位数下，两个模型筛选出的基金组合的样本外表现。

本节选取3年作为评价区间，因为3年36个观测值能保证回归分析的参数稳健性。评价区间的截止时间将从2006年1月开始滚动，每个月通过回归计算截止时间前36个月在三个分位数（10%、5%、1%）的优秀基金，构成等权重投资组合，然后计算该投资组合样本外的收益。每月进行一次回归，得到基金名单和样本外投资收益。然后将得到的投资组合样本外收益序列，运用FF-3模型进行回归，考察其超额收益。在回归中，剔除收益率数据小于12个的基金。截止时间选择从2006年1月开始，因为更早的区间基金数量不足。样本外的测试区间包含长短期，分别为1个月、3个月、6个月、9个月、12个月、15个月和18个月。

表3-11汇报了样本外的超额收益表现。表格分三大行列出了显著性水平分别是10%、5%、1%的3个t值分位数。每一分位数里进一步分成FF-3模型、CH-3模型和CH-FF。其中FF-3模型意味着表格内的数据是用FF-3模型筛选出的对应t值分位数组合，而CH-3模型意味着表格内的数据是用CH-3模型筛选出的t值分位数组合。CH-FF指的是该分位数下，CH-3模型筛选出的组合回报率与FF-3模型筛选出的组合回报率的差。表3-11的后七列是样本外的持有期K，分别持有1个月、3个月、6个月、9个月、12个月、15个月和18个月。表格内的数据是在t值分位数和对应模型在持有期下的FF-3模型超额收益及其t值。如10%分位数、FF-3模型、K=1，FF-3模型的月超额收益为0.74%（表内第一个数据）。具体的计算方法为，从2006年1月开始，每个月利用该月前36个月的数据进行FF-3模型回归，筛选出其中t值前10%的基金，构成投资组合。每个月构建新的投资组合时，将该投资组合持有一个月（K=1），计算一个月的持有收益。最后将这个投资组合2006年1月到2019年11月的收益，与同时期的FF-3因子进行回归，计算得到月超额收益0.74%。值得注意的是，在10%分位数、CH-3模型、K=1情况下，只是筛选基金时用的模型换成了CH-3模型，对该策略的评价仍然用FF-3模型，这样保持了评价标准的一致性。而10%分位数、CH-FF、K=1，则是将运用CH-3模型筛选的策略的收益和运用FF-3模型筛选的策略的收益相减，再与同时期的FF-3因子进行回归，考察CH-3模型筛选出的基金表现是否显著超过FF-3模型筛选出的基金。对于持有期超过一个月的情况，只在持有期到了才重新调整基金组合。

表3-11 **样本外超额收益（%/月）**

t值分位数		K=1	K=3	K=6	K=9	K=12	K=15	K=18
10%	FF-3模型	0.74***	0.68***	0.59***	0.65***	0.52***	0.44**	0.40**
		(3.98)	(3.73)	(3.30)	(3.53)	(2.74)	(2.32)	(2.05)
	CH-3模型	0.77***	0.74***	0.70***	0.73***	0.66***	0.63***	0.60***
		(4.64)	(4.66)	(4.39)	(4.51)	(4.13)	(3.98)	(3.79)
	CH-FF	0.03	0.06	0.11*	0.08	0.14*	0.19**	0.20**
		(0.39)	(0.82)	(1.52)	(1.23)	(1.46)	(1.98)	(2.09)
5%	FF-3模型	0.75***	0.72***	0.62***	0.70***	0.57***	0.50**	0.45**
		(3.83)	(3.68)	(3.29)	(3.72)	(3.09)	(2.21)	(2.14)
	CH-3模型	0.77***	0.75***	0.76***	0.71***	0.67***	0.65***	0.64***
		(4.84)	(4.73)	(4.59)	(4.42)	(4.11)	(3.52)	(3.45)
	CH-FF	0.03	0.03	0.15*	0.01	0.10	0.16*	0.19*
		(0.23)	(0.30)	(1.41)	(0.10)	(0.95)	(1.52)	(1.81)
1%	FF-3模型	0.83***	0.67***	0.61***	0.58***	0.56**	0.52**	0.53**
		(3.69)	(3.00)	(2.70)	(2.69)	(2.32)	(2.15)	(2.20)
	CH-3模型	0.79***	0.94***	0.80***	0.90***	0.89***	0.90***	0.88***
		(4.41)	(4.41)	(3.66)	(4.17)	(4.35)	(4.40)	(4.30)
	CH-FF	-0.04	0.27*	0.19	0.32*	0.33*	0.38*	0.36*
		(-0.22)	(1.41)	(0.93)	(1.55)	(1.68)	(1.93)	(1.84)

注：括号内为t值；上标***、**、*分别表示在1%、5%、10%显著性水平（单侧）下显著。

从表3-11中可以看出，FF-3模型和CH-3模型在所有情况下，筛选出的基金组合样本外表现都十分显著（t值全部大于2），说明优秀的基金经理的选股能力具有持续性。从持有期看，随着持有期不断变长，组合的超额收益呈下降趋势（除了CH-3模型在1%分位数的情况外），说明虽然基金经理的选股能力具有持续性，但是其样本外短期展现出的选股能力强于长期。这也是与实际经验相符的：当前业绩好的基金经理很难持续维持相同优秀的业绩。

对比CH-3模型和FF-3模型，我们发现CH-3模型的样本外表现总是（除了1%分位数，K=1之外）高于FF-3模型的样本外表现。在选股能力具有持续性的前提下，这也说明了CH-3模型筛选出的基金选股能力优于FF-3模型。

CH-FF衡量CH-3模型筛选出的基金经理的样本外表现与FF-3模型筛选出的经理的样本外表现是否有显著差异。从表中我们可以看到两个模型筛选出的基金短期表现相近，但随着持有期变长，差异有变大的趋势。同时，差异的t值随着持有期变长有变大的趋势，说明该差异随着持有期变长变得更加显著。总的来说，CH-3模型筛选出的基金经理的样本外表现优于FF-3模型筛选出的经理的样本外表现。

在本节之外的分析中，我们把t值分位数选股改成了p值选股。即每个月挑选出p值小于三个显著性水平（10%，5%，1%）的基金，然后进行同样的分析。分析的结论与本节一致：CH-3模型筛选出的基金选股能力优于FF-3模型。

至此，本节已经充分论证了CH-3模型能够筛选出选股能力更优秀的基金经理。在附录1中，我们列出了在t值10%分位数下两个模型筛选出的优秀基金及对应t值。

3.5 选股能力显著的基金经理有多少？

在3.3节进一步检验极端t值基金的能力显著性中，我们发现t值前10%的基金经理都通过了Bootstrap检验，证明其显著选股能力不是出于偶然。那么，对于总体样本来说，有多少的基金经理选股能力不是出于偶然呢？本节将继续运用Bootstrap方法，对所有基金经理的选股能力作进一步的检验。

表3-12汇报了使用Fama and French（2010）的Bootstrap方法对两个模型的t值分位数检验结果。每个模型的最后一列“实际<模拟”统计了抽样模拟的对应分位数t值大于实际分位数t值的比例，若该比例很低，说明靠运气很难取得超过实际分位数的t值，证明该分位数及更高t值的经理选股能力不是出于偶然。若置信度设为5%，则在FF-3模型下，96%分位数及更高t值的基金经理具有非偶然性的选股能力，在CH-3模型下，90%分位数及更高t值的基金经理具有非偶然性的选股能力。若将置信度提升到1%，两个模型对应的分位数分别为96%和80%。

若参考肖智泉和梁建峰（2016），将置信度提升到0.05%，则两个模型的对应分位数分别为90%和40%。肖智泉和梁建峰（2016）的结论是在0.05%的置信度下，排名前40%的基金管理者具备显著的非偶然性管理能力，与本篇CH-3模型下的结论一致。

表3-12　**两种模型Fama and French Bootstrap方法t值检验**

	FF-3模型			CH-3模型		
	*t*值			*t*值		
百分位	实际值	模拟平均	实际<模拟	实际值	模拟平均	实际<模拟
1%	4.57	2.20	0.00%	3.51	2.05	0.70%
2%	4.33	1.95	0.00%	3.32	1.80	0.20%
3%	4.04	1.78	0.00%	3.22	1.64	0.20%
4%	3.85	1.66	0.00%	3.07	1.53	0.20%
5%	3.71	1.55	0.00%	2.99	1.43	0.20%
10%	3.22	1.20	0.00%	2.69	1.11	0.20%
20%	2.62	0.78	0.00%	2.23	0.73	0.20%
30%	2.19	0.48	0.00%	1.90	0.45	0.20%
40%	1.81	0.22	0.00%	1.54	0.22	0.20%
50%	1.41	−0.02	0.00%	1.22	0.00	0.50%
60%	1.09	−0.26	0.00%	0.91	−0.22	0.50%
70%	0.75	−0.52	0.00%	0.63	−0.45	0.50%
80%	0.34	−0.83	0.00%	0.25	−0.73	0.90%
90%	−0.16	−1.26	0.00%	−0.28	−1.13	2.40%
95%	−0.73	−1.62	0.90%	−0.80	−1.47	7.10%
96%	−0.85	−1.72	0.80%	−0.94	−1.57	7.80%
97%	−1.26	−1.86	6.90%	−1.06	−1.69	8.20%
98%	−1.47	−2.03	8.30%	−1.38	−1.87	16.30%
99%	−1.86	−2.32	14.30%	−1.83	−2.14	27.20%

通过上述对比可以知道，运用CH-3模型进行Bootstrap检验对基金评价时，真正具有能力的基金经理比例也比运用FF-3模型时更少。这也能说明CH-3模型能筛选出更优秀的基金。

Kosowski et al.（2006）的Bootstrap方法十分经典，也被广泛运用于基金经理的能力研究中。表3-13汇报了Kosowski et al.（2006）的Bootstrap方法的结果。可以看到，两个模型在所有的分位数下Bootstrap *p*值都为0。说明在Kosowski et al.（2006）Bootstrap方法的检验下，我国所有的基金都具有非偶然性的选股能力，而这显然不符合直觉。回顾本篇2.3回归分析与Bootstrap方法中关于哪种方法更适合中国市场的讨论，Fama and French（2010）的Bootstrap方法由于保留了基金间超额收益的相关性以及因子收益与残差之间的相关性，更适合因子模型解释度相对不高的中国基金市场。本节也表明了两种方法的运用在中国基金市场上的巨大差异：由于Kosowski et al.（2006）的Bootstrap方法模拟样本中没有包含基金间超额收益的相关性，导致模拟t值几乎不可能超越实际t值，而Fama and French（2010）的Bootstrap方法由于考虑了超额收益相关性，还是有部分模拟t值超越了实际t值。

表3-13　两种模型Kosowski et al. Bootstrap方法t值检验

FF-3模型																			
	99%	98%	97%	96%	95%	90%	80%	70%	60%	50%	40%	30%	20%	10%	5%	4%	3%	2%	1%
t（α）	-1.86	-1.47	-1.26	-0.85	-0.73	-0.16	0.34	0.75	1.09	1.41	1.81	2.19	2.62	3.22	3.71	3.85	4.04	4.33	4.57
Bootstrap p值	0.00	0.00	0.00	0.00	0.00	0.00	0.00	0.00	0.00	0.00	0.00	0.00	0.00	0.00	0.00	0.00	0.00	0.00	0.00
CH-3模型																			
	99%	98%	97%	96%	95%	90%	80%	70%	60%	50%	40%	30%	20%	10%	5%	4%	3%	2%	1%
t（α）	-1.83	-1.38	-1.06	-0.94	-0.80	-0.28	0.25	0.63	0.91	1.22	1.54	1.90	2.23	2.69	2.99	3.07	3.22	3.32	3.51
Bootstrap p值	0.00	0.00	0.00	0.00	0.00	0.00	0.00	0.00	0.00	0.00	0.00	0.00	0.00	0.00	0.00	0.00	0.00	0.00	0.00

Fama and French（2010）发现，美国只有极少部分的基金经理展现出显著的选股能力，与本节的结论差异巨大。造成差异的原因可能有许多，在此我们尝试列出可能的关键因素。首先，美国的资本市场历史发展悠久，其资本市场有效性高于中国市场，基金经理难以战胜市场以获取显著的超额收益。相比之下，中国市场历史较短，有效性较低，市场仍为散户主导。机构投资者作为专业投资者是少数，在与大部分散户的博弈中，更容易取得超额收益。其次，美国基金市场发展早，研究样本量大。Fama and French（2010）的研究样本期间为273个月，共3 000多只基金，都远超中国基金市场可获得的样本。得益于如此详尽的数据，在利用Bootstrap方法刻画基金截面收益情况时更加全面细致，可对

基金的选股能力作出更准确的评价。

同样是在中国市场运用Bootstrap方法对基金经理进行评价，王珏和张新民（2013）发现我国至少有10%的基金经理具有良好的选股能力。肖智泉和梁建峰（2016）发现在99.5%置信度下风险调整收益排名前40%的基金经理具备显著的非偶然性选股能力。上述文献的结果似乎与本节的结果也有不小的差异。但在本书之外的分析中，我们采用了上述文章的样本和方法，发现了与之相同的结论。应该说，在利用Bootstrap方法对基金进行评价时，由于是对基金本身的收益率序列进行回归，所以Bootstrap的结果受样本选取规则的影响很大。本篇的重点在于对比CH-3模型和FF-3模型，在此不进一步探究样本选取对Bootstrap结果的影响。

3.6 本篇小结

本篇选取了2001年10月至2019年11月中国基金市场的普通股票型基金和偏股混合型基金的数据进行了实证分析，论证应用更适合中国市场的因子模型，是否能筛选出选股能力更强的基金经理。结果发现，运用CH-3模型的确比运用FF-3模型能筛选出选股能力更强的基金经理。具体来说，基金市场整体在CH-3模型的衡量下较FF-3模型取得更低的超额收益；在个体基金方面，CH-3模型使超额收益α的t值显著降低，且筛选出了更少的优秀基金；另外，对于表现差的基金，CH-3模型与FF-3模型的评价相似，只有对于具有正超额收益的基金，CH-3模型才是更加严格的标准；我们还通过Bootstrap方法的检验，确认了优秀的基金经理取得超额收益并非依靠运气，而是依靠实力；此外，通过对比CH-3模型和FF-3模型筛选出的优秀基金构成的投资组合的样本外表现，我们再次确认了CH-3模型筛选出的基金经理的确是更加优秀的。总的来说，CH-3模型成功地筛选出了选股能力更强的基金经理。

在运用Bootstrap方法对个体基金进行评价方面，本篇对Kosowski et al.（2006）的Bootstrap方法和Fama and French（2010）的Bootstrap方法进行了对比梳理。由于因子模型对中国基金市场的解释力度弱于美国市场，所以 Fama and French（2010）的 Bootstrap 方法更加适用于中国基金市场的能力评价。

Liu et al.（2019）发现了更适合中国股票市场的因子模型，该研究中因子模型的解释对象是股票收益，而非基金收益。检验中国市场异象时构造的投资策略也比较常见，不可能包含基金实际使用的所有策略，因此其结论在基金市场上不一定成立。本篇通过实证检验将 CH-3 模型从解释股票收益拓展到了衡量基金经理的选股能力。

中篇　中国基金经理的波动择时能力识别

随着研究的深入，学界从基金经理的能力中进一步细分出择时能力，甚至对择时能力进一步细分。本篇将重点关注波动择时能力，并运用FDR方法对能力识别进行优化。上篇中的Bootstrap方法主要考虑的是观测样本量不足导致的估计偏误，而FDR方法主要针对多重假设检验，以降低错误识别的概率。

第4章 基金经理择时能力的理论框架

4.1 研究背景

在基金经理的投资能力被划分为选股能力、择时能力的框架下，基于H-M、T-M的择时模型对中国市场的基金进行研究，发现大部分选股能力比择时能力更显著，鲜有显著的择时能力。但在实际操作中基金经理会在投资时点上有明显的选择性，故而择时能力也一直是研究重点之一，学者进一步将择时能力根据不同的投资特点细分为流动性择时、波动择时、风格择时等。与收益择时等不同，由于市场波动往往存在集群效应，并且存在一定的持续性，随着对市场波动率的研究不断深入，学者们认为投资者也可能根据波动率的预测对持仓情况进行调整。Busse（1999）首先提出波动择时能力，指基金经理预测到市场波动变大时，主动调整投资组合来降低风险敞口。基金经理是否对市场波动进行预测并且调整投资组合呢？由于收益和风险是匹配的，但市场波动变大时，风险变大同时也意味着可能有更高的超额收益，基金经理更多选择降低风险敞口，还是迎难而上选择更高的风险以期获得更高的收益呢？波动择时能力不仅仅是单方面的，更可能是双向的，这一点值得深入研究。

此外，在研究业绩即超额收益的具体细分的同时，有部分学者关注是否有真正的超额收益，通过Bootstrap、FDR等统计方法的应用，判断基金的超额收益多少是真实的，多少是由于一些偶然因素或是运气成分导致的。将有真实的超额收益的基金挑选出来，对其进行内在的能力分析以及后续的绩效表现，对于基金的绩效评价研究有其重要意义。基金的真实绩效α值存在误判的情况，在对基金的内在能力进行分解，对基金内在的选股能力和择时能力及更细分的能力进行研究时，也存在误判的情况，因而对这些能力的研究也可以借鉴FDR等方法进一步分析与判断。

本篇着重对基金的波动择时能力进行研究，基于FDR方法，通过对基金的波动择时能力指标进行研究，从而判断基金经理是否有真正的波动择时能力，再对波动择时能力和业绩的相关性进行分析。本研究能够使基金的投资者进一步了解基金经理真正的选股择时能力，以及超额收益的来源与细分；对于基金经理而言，基金经理能够更重视股票投资时机的选择，对市场波动及其预测更加关注；对于基金评级等服务机构而言，可以将波动择时能力纳入评级指标或者作为考核因素之一。

4.2 研究问题及方法

本篇主要研究两个问题。第一个问题是基金是否具有真正的顺周期波动择时能力、逆周期波动择时能力，考虑到在判断基金是否具有波动择时能力时存在误判的情况，引入Barras et al.（2010）提出的FDR（false discovery rate）方法，计算基金中真正有顺周期波动择时能力、逆周期波动择时能力和无波动择时能力的基金占比情况，并且将全体基金按照投资风格、规模和是否行业重仓进行划分，判断哪种类型的基金更具有顺周期波动择时能力或逆周期波动择时能力。第二个问题是基金的波动择时能力与绩效表现的关系，从风险与收益的角度分析，逆周期波动择时能力的基金由于在市场波动率上升时，主动降低风险敞口从而超额收益有所下降，因而绩效表现比顺周期波动择时能力的基金要差。本篇通过控制不同的FDR的目标水平，分别构建顺周期波动择时能力、逆周期波动择时能力和无波动择时能力的基金投资组合并比较三者之间的绩效差异。

本篇主要的研究方法是基于Busse（1999）的波动择时模型和Barras等（2010）提出的FDR方法。

在对基金波动择时能力的分析上，基于Busse（1999）的单因子波动择时模型，结合Fama-French三因子模型、Carhart四因子模型以及Fama-French五因子模型分别构建三因子波动择时模型、四因子波动择时模型以及五因子波动择时模型，用单因子波动择时模型、三因子波动择时模型、四因子波动择时模型和五因子波动择时模型这四个模型分别来判断单个基金是否具有波动择时能力。对基金是否具有真正的波动择时能力的判断，采用Barras等（2010）的FDR方法。该方法考虑到基金业绩评价中存在运气成分，对估计出来的绩效α值进行调整，还原了真实的超额收益α值显著为正、显著为负和显著为0的基金占比情况。这个方法计算在一定显著性水平下有能力和没有能力的基金经理真实比例，FDR值表明在该显著性水平下选择出的有能力的基金经理中有多大的比例是因为运气而不是真正的能力，本篇将FDR方法应用于对波动择时能力的分析中。

4.3 基金择时能力的研究现状

随着对基金绩效的研究不断深入，学者不满足于对基金绩效的整体研究，而是对基金绩效进一步分解，分解过程更多的是基于基金经理的投资能力。在考察基金经理投资能力的时候，很多学者倾向于将α分解为选股能力和择时能力，即对市场整体走势的预判能力和市场时机的把握能力。Treynor and Mazuy（1966）最早对基金经理的市场时机选择能力进行研究，认为有择时能力的基金经理能预测市场走势，在判断股票市场即将进入上行通道时提升投资组合的风险水平以获得收益，即将进入下行通道时降低投资组合的风险水平；他们在资产定价模型中加入二次项，形成T-M模型，但研究中发现57只基金中除一只表现出明显的择时能力外，其余基金均无明显择时能力。Fama（1972）将基金经理的预测能力划分为选股能力和择时能力。Henriksson和Merton（1981）提出H-M模型，相较于T-M模型的β呈现时变性，H-M模型中β系数只取2个值，市场表现好时β取较大值，市场表现差时β取较小值，但在研究中发现116只开放式基金中除一只外基本都没有明显的择时能力。Chang和Lewellen（1984）在H-M模型基础上提出C-L模型，基于APT套利定价模型，实证发现基金经理的择时能力并没有体现。关于基金收益择时能力的理论和模型不断优化，但普遍的研究结果表明基金经理没有择时能力。

学者们对择时能力的研究进一步拓展，波动择时逐渐成为重要方向之一。Bolleerslev等（1992）最早对波动性进行研究，发现市场的波动性具有可预测性，由于其可持续性和集群性的特性，当期的高波动性之后市场仍大概率处于高波动性状态。之后Palm（1996）等学者也证实了波动性的可预测性。而波动择时概念由Busse（1999）提出，基于波动性的可预测性以及条件市场收益和市场波动两者没有显著的相关性这两个前提条件，研究发现80%的基金存在逆周期波动择时能力，即基金经理可以通过预测市场波动增大的情况下减少基金的市场敞口来提高基金的收益。Giambona和Golec（2009）认为考虑到管理费用的绩效激励部分，基金经理的波动择时能力不一定是逆周期的，管理费用的绩效激励越高，基金经理的逆周期波动择时行为越少，顺周期波动择时行为越多；同时波动择时能力与基金的风格有关，越是激进风格的基金，其逆周期波动行为越频繁。Boguth等（2011）发现基金的波动择时比市场择时更能引起基金的超额收益α值的偏度，引入已实现的β值作为工具变量使得基金的绩效表现更为稳定。除波动择时和市场择时外，Cao等（2013）提出流动性择时模型，控制收益择时和波动择时这两个因素后，研究发现美国的对冲基金表现出明显的流动性择时能力。Chen等（2013）拓展T-M模型和H-M模型，将择时能力进一步分解为价值择时、市场择时、规模择时和动量择时这四种风格择时能力，研究发现美国共同基金的价值择时能力是显著的，其他能力则不显著。Ferson和Mo（2016）同时考虑选股能力、市场择时能力和波动择时能力三个因素，研究发现在其他条件相同的情况下，激励的凸性越大，基金经理越可能在波动性高的情况下增加市场风险暴露。Liao等（2017）研究中国市场基金经理的市场择时、波动择时和流动性择时能力，通过横截面分析和Bootstrap分析发现基金经理有显著的市场择时、波动择时和流动性择时能力。Yi等（2018）也对中国市场基金经理的市场择时、波动择时和流动性择时能力进行研究，与Liao等（2017）不同的是，研究发现波动择时和流动性择时能力较为显著，从投资风格来看，平衡型基金中的波动择时能力更显著，而成长型基金中流动性择时能力更显著。

国内学者对基金选股择时的能力研究更多是基于国外的模型在中国市场的实证分析。闫作远和陈超（2008）对基金经理的选股择时能力进行研究，采用基于Ward分类方法的四指标修正选股择时模型，选股能力和择时能力分别基于Daniel等（1997）的特征选择模型（CS模型）和特征择时模型（CT模型），研究结果表明基金经理的选股能力较强但择时能力不突出；比较不同投资类型得到股票型基金经理的选股择时能力较强；证券市场行情好时，基金经理的选股择时能力显著提高，并表现出一定的持续性。徐琼和赵旭（2008）提出“投资行为度”的概念，是对基金经理投资业绩、风险管理能力、选股择时能力及个人特征的基本反映，其中风险管理能力选用基金收益标准差、β系数和非系统风险这三种指标，选股择时能力用T-M、H-M模型测算，根据突变评价法对“投资行为度”进行排名得到：排名靠前的基金经理平均任职时间相对长，投资行为较为理性，投资业绩好，风控能力强。朱波等（2010）对开放式基金经理的投资行为进行分析，基于Carhart四因子模型，在数据选择上基于基金的收益数据而非季度公告信息，采用主动型α-主动型β模型的基本思想，α和β分别度量证券选择行为和时机选择行为，研究表明绝大多数基金经理在证券选择上努力程度越大即选择越频繁，越不利于基金绩效提升；市场时机选择有利于基金绩效提升；从投资行为和投资能力角度上，基金经理在选股和择时中都仅在其中一方面表现突出。

国内基于波动择时的研究也有一定进展。马超群等（2005）在Busse的波动择时模型基础上引入收益择时因子，研究结果表明优化后的波动择时模型优于Busse波动择时模型，并且发现中国的证券投资基金有显著的波动择时能力，其中开放式基金的波动择时能力比封闭式基金的波动择时能力更强。周万贺和储茂广（2009）结合Busse模型，将中信指数作为因子确定市场基准组合，并将构建的模拟组合与原有基金的波动择时系数作对比来分析基金是否具有显著的波动择时能力，研究表明基金波动择时能力和基金业绩存在正相关关系，大部分基金经理有波动择时能力。刘鹏（2013）也将收益择时因子引入Busse波动模型中，并结合传统的择时能力评价模型如T-M模型、FF-3模型，研究表明中国开放式基金普遍具有波动择时能力，并且期限更短、规模更小的基金有更显著的波动择时能力，但投资风格对波动择时能力影响不大。隋婷婷（2018）参照Ferson和Mo（2016）提出的绩效评价方法，对中国市场的基金的选股能力、市场择时能力和波动择时能力进行研究，发现基金的波动择时能力相比于选股能力和市场择时能力更占主导地位，对波动择时能力进一步分析发现，对波动率滞后反应的基金在波动率高（低）的时候更倾向于增加（降低）风险敞口。

除波动择时这一能力外，基于T-M模型和H-M模型的风格择时能力的研究也是热点之一。易力和胡振华（2016）采用夏普比率、詹森α系数、信息比率等12个指标度量基金绩效，选取国内519只基金2002年至2013年的日度数据，对其市场、规模、价值和动量这四个择时能力与绩效的关系进行分析，研究发现成长型基金的市场择时能力显著影响基金绩效，价值型基金和平衡型基金的价值和动量择时能力也对基金绩效产生显著影响，规模择时能力对基金绩效的影响并不显著。易力（2018）选取国内2005年7月至2016年12月的基金月度数据研究其市场、规模、价值和动量这四个择时能力对基金业绩的长短期影响情况，发现长期来看市场择时能力对业绩的影响为显著正相关关系，而短期来看业绩主要受市场择时能力和规模择时能力影响。

4.4 对基金绩效水平真实情况的研究现状

当对基金绩效进行分解并研究其可持续性时，有不少研究表明基金绩效不具有可持续性（Carlson，1970；Carhart，1997），也有研究表明可持续性受数据选取时段、收益测度等影响（Malkiel，1995；Christopherson & Ferson，1998），对基金真实绩效的衡量和测度越来越受到关注，因而更多学者引入更多元化的统计学方法来衡量基金的真实绩效。

Barras等（2010）提出将错误发现率（False Discovery Rate，FDR）方法运用于基金超额收益水平的研究中，通过对美国市场上2 076只基金的月度收益率进行研究，发现大部分的基金超额收益是来自运气成分，并且从1975年到2006年，有真实超额收益的基金占比呈下降趋势。此方法引入后，学者们基于全球不同市场对基金的超额收益中真正部分和运气部分进行划分。Cuthbertson等（2012）对英国的股票型基金进行分析，研究发现在5%的显著水平下，大约75%的基金表现不佳，表现最好的基金FDR值为32.8%，表现最差的基金FDR值为7.6%。Bajgrowicz和Scaillet（2012）将蒙特卡洛模拟这一方法与FDR方法一同引入，并结合道琼斯工业指数对美国的基金表现和业绩可持续性进行研究，发现7 846只基金中，真正能够产生超额收益的基金数量并不显著，同时基金的业绩可持续性也不显著。Kim和In（2012）对1998年到2009年这一时间段美国市场上基金的波动择时能力运用FDR方法进行检验，发现经FDR调整后，顺周期波动择时能力的基金比例和逆周期波动择时能力的基金比例大致相同，同时有顺周期波动择时能力的基金组合业绩表现比有逆周期择时能力的基金组合业绩表现更优异。Kim和In（2013）随后对澳大利亚市场的管理型基金的表现运用FDR方法进行分析，研究表明四因子模型下基金的超额收益α值经FDR调整后整体右移，用Bootstrap自助法对残差调整后模型也是稳健的，但是绩效表现不具有可持续性。Cuthbertson等（2013）对德国市场的共同基金进行研究，选取1990年到2009年这一时间段，发现有0.5%的基金具有真正的正α值即具有超额收益，高达27%的基金具有真正的负α值。Yi和He（2016）运用FDR方法，对从2002年6月到2013年12月中国市场的股票型基金的风格择时能力进行分析，发现基金有市场择时能力，但没有显著的规模择时、价值择时或动量择时这几个风格择时能力，同时经FDR调整后，其市场择时能力仍体现出可持续性。

国内的研究相对较少。张玉龙等（2012）应用拓展的FDR法，研究发现中国股市的系统流动性存在，并且与市场呈正向变动的关系，同时也具有持续性；扩展的FDR法相比于仅仅适用于对称分布样本的FDR法，还适用于条件分布的样本，也适用于不对称分布的样本。王珏和张新民（2013）通过Bootstrap自助法对2001年到2012年这一时间段的基金选股择时能力进行研究，发现在10%以上的基金有选股能力，规模大、账面市值比高以及动量大的基金的选股能力更强。唐涯、刘玉珍和杨逸（2014）等运用FDR方法对中国开放式基金最近十年间的超额收益进行分析，发现经偶然成分即运气因素调整后，仅仅7.9%左右的基金有真实的超额收益。易力和胡振华（2016）采用FDR方法对基金的风格择时能力以及绩效可持续性进行分析，研究发现业绩表现好的基金相比业绩表现差的基金受运气影响更大，即运气对不同业绩的基金影响程度不同，同时研究表明去除运气这一影响因素后，较小比例的基金体现出真正的选股能力，风格择时能力对于基金业绩有一定影响。肖智泉和梁建峰（2016）运用Bootstrap方法，结合Carhart四因子模型对2006年至2013年的开放式基金进行零风险收益模拟，研究发现收益前40%的基金表现出显著的能力。

4.5 本篇创新点

本篇的创新点在于：

第一，国内FDR方法的应用主要局限在对基金业绩的评价，划分超额收益α值是运气成分还是能力，均基于对α值的调整与分析，但没有基于FDR对波动择时能力的研究，本篇参照Kim和In（2012）基于FDR对美国共同基金波动择时能力的研究，将FDR方法引入对中国开放式基金波动择时能力的研究中，同时将随着波动率增加，基金经理主动增加风险敞口的顺周期波动择时能力也纳入到研究范围中。

第二，国内对波动择时模型的改进主要是引入H-M模型、T-M模型的收益择时因子（市场择时因子），本篇还引入基于Fama-French五因子的波动择时模型以及基于H-M风格择时、T-M风格择时的波动择时模型，来研究不同情况下波动择时能力的表现。

第三，对基金的分组上，除了常规的按照投资风格分为成长型、价值型和平衡型基金以及按照规模分成大规模、中规模和小规模基金，本篇创新性地将基金划分为重仓行业投资基金和非重仓行业投资基金，重仓行业投资基金定义为存续期间每年年末所持股票中重仓行业（即第一大行业）市值占基金资产净值比均超过60%的基金，来分组研究基金的波动择时能力。

第5章　择时能力的模型及研究方法

5.1　波动择时模型

由于市场波动存在集群效应，并且有一定的持续性，市场高波动率之后往往仍是高波动率，对市场波动率的预测难度要低于对市场收益率的预测难度，因而基金经理可能会根据市场波动性对管理的基金进行调整。Busse（1999）认为应当将市场波动这一因素纳入基金择时能力的模型中，故而提出波动择时模型，其中基于单因子模型的波动择时模型为：

$$R_{i,t} = \alpha_i + \beta_i^m R_{m,t} + \delta_i R_{m,t}\left(\sigma_t - \overline{\sigma}\right) + \varepsilon_{i,t} \tag{5-1}$$

其中：$R_{i,t}$是基金i的收益超越无风险收益的部分；$R_{m,t}$为市场超额收益；σ_t是t时刻市场波动率；$\overline{\sigma}$为市场波动率均值；α_i为基金i风险调整收益；β_i^m为基金i的系统风险；δ_i为波动择时系数；$\varepsilon_{i,t}$为t时刻基金i的残差。

Elton等（1993）提出使用多因子模型进行基金绩效的分解更有解

释力，故Busse（1999）也有基于三因子模型和四因子模型的波动择时模型，具体如下：

基于Fama-French三因子模型的波动择时模型为：

$$R_{i,t} = \alpha_i + \beta_i^m R_{m,t} + \delta_i R_{m,t}\left(\sigma_t - \overline{\sigma}\right) + \beta_i^{SMB} SMB_t + \beta_i^{HML} HML_t + \varepsilon_{i,t} \tag{5-2}$$

基于Carhart四因子模型的波动择时模型为：

$$R_{i,t} = \alpha_i + \beta_i^m R_{m,t} + \delta_i R_{m,t}\left(\sigma_t - \overline{\sigma}\right) + \beta_i^{SMB} SMB_t + \beta_i^{HML} HML_t + \beta_i^{UMD} UMD_t + \varepsilon_{i,t} \tag{5-3}$$

其中：SMB_t为规模因子，指小规模股票组合与大规模股票组合收益率之差；HML_t为价值因子，指高账面市值比股票组合与低账面市值比股票组合收益率之差；UMD_t为动量因子，指高收益股票组合和低收益股票组合收益率之差；β_i^{SMB}、β_i^{HML}、β_i^{UMD}分别为规模因子、价值因子、动量因子的回归系数。

除了单因子、三因子和四因子外，本篇还基于Fama和French（2015）的五因子模型构建波动择时模型：

$$R_{i,t} = \alpha_i + \beta_i^m R_{m,t} + \delta_i R_{m,t}\left(\sigma_t - \overline{\sigma}\right) + \beta_i^{SMB} SMB_t + \beta_i^{HML} HML_t + \beta^{RMW} RMW_t + \beta_i^{CMA} CMA_t + \varepsilon_{i,t} \tag{5-4}$$

其中：SMB_t为规模因子；HML_t为价值因子；RMW_t为盈利因子，指盈利能力强的公司股票组合与盈利能力弱的公司股票组合收益率之差；CMA_t为投资因子，指投资水平低的公司股票组合与投资水平高的公司股票组合收益率之差；β_i^{SMB}、β_i^{HML}、β_i^{RMW}、β_i^{CMA}分别为规模因子、价值因子、盈利因子、投资因子的回归系数。

本篇还将引入风格择时能力，基于T-M构造的模型为：

$$R_{i,t} = \alpha_i + \beta_i^m R_{m,t} + \delta_i R_{m,t}\left(\sigma_t - \overline{\sigma}\right) + \beta_i^{SMB} SMB_t + \beta_i^{HML} HML_t + \beta_i^{UMD} UMD_t + \delta_i^m R_{m,t}^2 + \delta_i^{SMB} SMB_t^2 + \delta_i^{HML} HML_t^2 + \delta_i^{UMD} UMD_t^2 + \varepsilon_{i,t} \tag{5-5}$$

引入风格择时能力，基于H-M构造的模型为：

$$R_{i,t} = \alpha_i + \beta_i^m R_{m,t} + \delta_i R_{m,t}\left(\sigma_t - \overline{\sigma}\right) + \beta_i^{SMB} SMB_t + \beta_i^{HML} HML_t + \beta_i^{UMD} UMD_t + \delta_i^m R_{m,t}^* + \delta_i^{SMB} SMB_t^* + \delta_i^{HML} HML_t^* + \delta_i^{UMD} UMD_t^* + \varepsilon_{i,t} \tag{5-6}$$

其中：$R_{m,t}^* = R_{m,t} \times I(R_{m,t} > 0)$；$SMB_t^* = SMB_t \times I\left(SMB_t > 0\right)$；$HML_t^* = HML_t \times I(HML_t > 0)$；$UMD_t^* = UMD_t \times I(UMD_t > 0)$；$I$为示性函

数，当$R_{m,t}>0$时I取1，否则取0；δ_i^m、δ_i^{SMB}、δ_i^{HML}、δ_i^{UMD}分别为市场择时系数以及规模择时系数、价值择时系数、动量择时系数等风格择时系数。

5.2 FDR方法

本篇的目标是判断基金是否有真正的波动择时能力，特别是，其中真正逆周期和顺周期各占多少比例，故参照Barras等（2010）提出的FDR方法。绝大多数FDR应用于基金绩效研究基金的超额收益α值是否显著大于0、小于0或是等于0来判断是能力不同还是运气不同，本篇验证波动择时系数是否显著来判断真正逆周期和顺周期择时能力的占比。

零假设为波动择时系数（δ_i）为0，备择假设为波动择时系数不为0，即

H_0：$\delta_i=0$

H_1：$\delta_i\neq0$

所有基金按照波动择时系数δ_i分为3类：①有顺周期波动择时能力，即$\delta_i>0$；②没有波动择时能力，即$\delta_i=0$；③有逆周期波动择时能力，即$\delta_i<0$，其占总体的真实比例为π_A^+、π_0、π_A^-，有$\pi_A^++\pi_0+\pi_A^-=1$。

此时假设无波动择时能力基金的δ服从均值为0的正态分布，那么在给定的任意显著性水平γ下，在无波动择时能力基金的δ中各有$\gamma/2$的概率出现在左尾和右尾，即被错误判断成有顺周期波动择时能力的基金比例（$E\left(F_\gamma^+\right)$）和逆周期波动择时能力的基金比例（$E\left(F_\gamma^-\right)$）是相同的，均为$E\left(F_\gamma^+\right)=E\left(F_\gamma^-\right)=\pi_0\times\gamma/2$。

假定有顺周期波动择时能力和逆周期波动择时能力的基金占总体的期望比例分别为$E\left(S_\gamma^+\right)$和$E\left(S_\gamma^-\right)$，并且实际观测到的γ显著为正和显著为负的基金占总体的比例为$\hat{S}_\gamma^+$和$\hat{S}_\gamma^-$，则剔除误判影响因素后真正有顺周期波动择时能力和逆周期波动择时能力的基金占总体的期望比例分别

为 $E\left(T_{\gamma}^{+}\right)$和 $E\left(T_{\gamma}^{-}\right)$，公式计算如下：

$$E\left(T_{\gamma}^{+}\right)=E\left(S_{\gamma}^{+}\right)-E\left(F_{\gamma}^{+}\right)=\hat{S}_{\gamma}^{+}-\pi_{0}\times\gamma/2 \tag{5-7}$$

$$E\left(T_{\gamma}^{-}\right)=E\left(S_{\gamma}^{-}\right)-E\left(F_{\gamma}^{-}\right)=\hat{S}_{\gamma}^{-}-\pi_{0}\times\gamma/2 \tag{5-8}$$

FDR_{γ}^{+}定义为在给定的任意显著性水平 γ 下被误判为有顺周期波动择时能力的基金占实际观测到的 δ 显著为正的基金比例，FDR_{γ}^{-}定义为在给定的任意显著性水平 γ 下被误判为有逆周期波动择时能力的基金占实际观测到的 δ 显著为负的基金比例，公式计算如下：

$$FDR_{\gamma}^{+}=\frac{E\left(F_{\gamma}^{+}\right)}{E\left(S_{\gamma}^{+}\right)}=\frac{\pi_{0}\times\gamma/2}{\hat{S}_{\gamma}^{+}} \tag{5-9}$$

$$FDR_{\gamma}^{-}=\frac{E\left(F_{\gamma}^{-}\right)}{E\left(S_{\gamma}^{-}\right)}=\frac{\pi_{0}\times\gamma/2}{\hat{S}_{\gamma}^{-}} \tag{5-10}$$

对指标 FDR_{γ}^{+}和 FDR_{γ}^{-}的准确估计与 π_0 的关系密切，下面对 π_0 如何正确估计进一步分析。Barras等（2010）提到超额收益α值为0的这一类基金，其 p 值的分布呈现为［0，1］上的均匀分布，超额收益α值不为0的基金，其 t 值的绝对值较高而 p 值较小；应用到本篇的波动择时系数 δ 上也是类似，故而估计 π_0 的最简单的方法是找一个足够大的 λ ，此时 δ 不为0的概率很小，从而对 π_0 进行有效估计，公式如下：

$$\pi_{0}(\lambda)=\frac{W(\lambda)}{N}\cdot\frac{1}{(1-\lambda)}=\frac{\#(p_{i}>\lambda)}{N\cdot(1-\lambda)} \tag{5-11}$$

其中：$W(\lambda)/N$ 表示 p 值频率分布直方图大于 λ 的区域；$\#\left(p_{i}>\lambda\right)$ 表示 p_i 大于 λ 的个数。

在样本数量足够大的情况下，π_0 的估计值与 λ 不敏感，故可以用 p 值的频率分布直方图来计算 π_0 的取值。各基金 p 值的计算则采用Bootstrap法进行估计得到，公式如下：

$$p_{i}=2\times\min\left[\frac{1}{B}\sum_{b=1}^{B}I\left(t_{i}^{b}>t_{i}\right),\frac{1}{B}\sum_{b=1}^{B}I\left(t_{i}^{b}<t_{i}\right)\right] \tag{5-12}$$

其中：I 为（1，0）示性函数。

5.3 研究设计与假设

（1）基金是否存在顺周期波动择时能力或逆周期波动择时能力

具体方法如下：

① 将选取的开放式基金按照不同标准划分：第一种划分方法是将开放式基金分为成长型、价值型和平衡型3类；第二种划分方法是将开放式基金按照基金规模的30%、40%、30%，划分成大规模、中等规模及小规模3类；第三种划分方法是将开放式基金分为重仓行业投资基金和非重仓行业投资基金2类，其中重仓行业投资基金的定义是存续期间每年年末所持股票中重仓行业市值（即第一大行业）占基金资产净值比均超过60%的基金，不符合条件的归入非重仓行业投资基金。

② 通过单因子择时模型、Fama-French三因子波动择时模型、Carhart四因子模型、Fama-French五因子波动择时模型分别计算每个基金的δ_i值，得出未经FDR调整的有显著顺周期波动择时能力和有显著逆周期波动择时能力的基金占比。

③ 计算FDR值，以及调整后的有显著顺周期波动择时能力和有显著逆周期波动择时能力的基金占比。

④ 比较各种划分下的基金中真正的有显著顺周期波动择时能力和有显著逆周期波动择时能力的基金比例，判断哪一种类型的基金波动择时能力更显著。

⑤ 引入基于H-M风格择时、T-M风格择时的波动择时模型与基于Carhart四因子的波动择时模型进行分析，比较波动择时能力变化。

（2）波动择时能力和基金绩效的关系

考察顺周期波动择时能力基金投资组合、逆周期波动择时能力基金投资组合、无波动择时能力基金投资组合当期以及后续的绩效表现（用超额收益和夏普比率体现），具体方法如下：

① 基于不同的显著性水平γ，计算得到各个FDR值，取与假定的各个FDR值（z^{+}=10%，30%，50%，70%，90%）最接近的值所对应的显著性水平γ，将基金正确划分为顺周期波动择时能力基金、无波动择

时能力基金、逆周期波动择时能力基金。

② 将划分为顺周期波动择时能力基金构建等权重投资组合，计算得到整体的超额收益值，类似地，构建无波动择时能力基金组合和逆周期波动择时能力基金组合，比较三类组合在不同FDR目标值下的超额收益（夏普比率）。

③ 研究后续绩效表现时，用前三年的基金数据，FDR^{+}的目标水平z^{+}仍选取10%、30%、50%、70%、90%，选择最接近目标水平z^{+}的显著性水平γ，来划分顺周期波动择时能力、逆周期波动择时能力和无波动择时能力的基金并构建投资组合，并持有该投资组合半年，然后调整投资组合，比较三类在不同FDR目标值下的超额收益（夏普比率）。

研究设计图见图5-1。

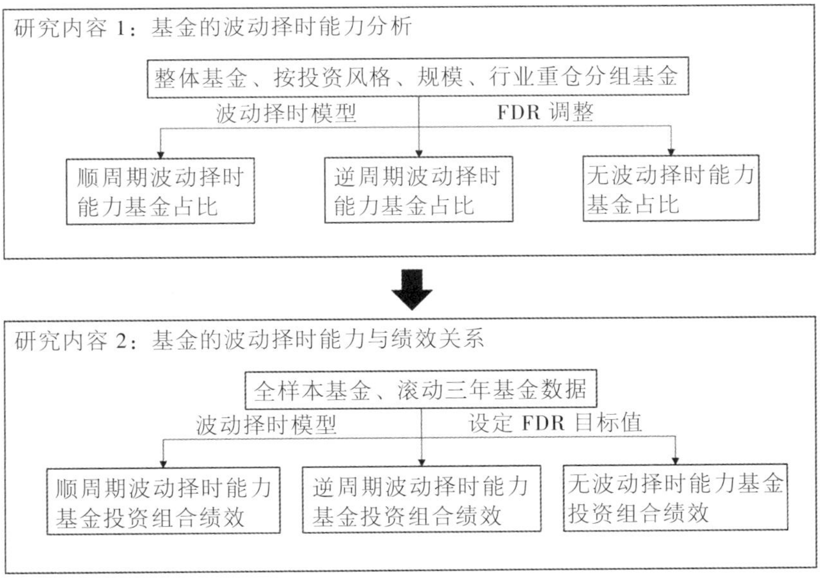

图5-1 研究设计图

不同于市场择时能力，Busse（1999）、Cao等（2013）均实证研究表明基金经理有波动择时能力，马超群等（2005）、周万贺和储茂广（2009）、刘鹏（2013）、Liao等（2017）基于中国市场的研究也表明基金经理有波动择时能力。而由于FDR方法只是将部分误认为有波动择时能力的基金重新分类到无波动择时能力的基金池中，我们仍认为经过FDR调整后，之前学者理论及实证得到的结论不变，并且经FDR调整后，实证与理论的偏差更小。

按照投资风格划分，成长型基金相比于价值型基金和平衡型基金，权益类投资占比更高，承担的风险更大，收益的波动也更大。成长型基金整体的风险较高，基金经理在市场波动变大时，倾向于减小风险β值，从而减少手中资产的风险敞口，而在市场波动率降低时则增加风险β值，从而维持整体风险敞口处于预期水平。而价值型基金的基金经理受绩效激励的影响，由于本身风险敞口较小，基于效用最大化原则，可能会选择在市场波动加剧时，增加风险敞口获取更高的回报率。Giambona和Golec（2009）通过对美国共同基金波动择时能力的实证研究也证实了越是激进风格的基金，其逆周期波动行为越频繁。马超群等（2005）在Busse的波动择时模型基础上引入收益择时因子，研究发现中国的证券投资基金有显著的波动择时能力；Liao等（2017）通过横截面分析和Bootstrap分析发现中国市场的基金经理有显著的市场择时、波动择时和流动性择时能力，整体而言中国的基金市场和美国的基金市场比较相似，故类似美国市场的基金表现，本篇提出以下研究假设。

研究假设一：中国市场的成长型基金更具有逆周期波动择时能力，价值型基金更具有顺周期波动择时能力。

Kim和In（2012）对美国市场基金的波动择时能力进行分析时，发现基金的规模越小，逆周期波动择时能力越强，故规模因素对择时能力也有一定影响。类似地，中国市场上基金规模较小时，基金经理对投资标的的买卖更加灵活，从而在预期市场波动变大时，能较迅速地调整持仓情况，减小风险β值，从而减少手中资产的风险敞口；而基金规模较大时，基金经理在预期市场波动变大时，对持仓标的的买卖更为谨慎，并且由于整体规模较大，对部分持仓进行调整时对整体持仓的影响较小，因此与较小规模基金相比更不具有逆周期波动择时能力，故提出以下研究假设。

研究假设二：中国市场上规模较小的基金比规模较大的基金更具有

逆周期波动择时能力。

重仓行业投资基金的基金经理对重仓股票的细分行业研究更为深入，对同行业股票的比较与分析更专业，这在选股和择时能力上均有体现，在波动择时方面，由于选择的股票更多是同一行业的，集中度较高，分散化程度低，如果重仓的行业与整体市场的波动呈显著正相关，则有明显的顺周期波动择时能力，如果与整体市场的波动呈显著负相关，则有明显的逆周期波动择时能力，即基金的波动择时能力均较为显著。非重仓行业投资基金的分散化程度高，与市场波动的联动性相比于重仓行业投资基金较小，波动择时能力相对不显著，故而提出以下研究假设。

研究假设三：中国市场上重仓行业投资基金更具有顺周期波动择时能力和逆周期波动择时能力。

根据Busse（1999）对波动择时能力的理论分析，从风险与收益的角度来看，有逆周期波动择时能力的基金由于在市场波动率上升时，主动减少风险敞口从而超额收益有所下降，而有顺周期波动择时能力的基金则在市场波动率上升时，主动增加风险敞口，整体的超额收益有所提升，因而逆周期波动择时能力的基金绩效表现比顺周期波动择时能力的基金要差，故提出以下研究假设。

研究假设四：波动择时能力和基金绩效呈正相关关系，即整体上顺周期波动择时能力的业绩表现比逆周期波动择时能力的业绩表现好。

5.4 样本选择与数据来源

由于市场波动情况以及其特性在牛市、熊市以及震荡市不同市场状态中表现不同，并且在研究波动择时能力与后续绩效表现的关系上需要前三年的数据来预判其波动择时能力，故本篇研究的基金样本数据需要涵盖较长的时间段；同时在对波动择时能力进行研究时，主要衡量的指标为有顺（逆）周期波动择时能力的基金占整体基金的比例，故对基金数量有一定要求。本篇对样本数据的采集时间点是2019年7月，综合对基金样本数据时间段和样本数量的考虑，本篇研究的时间段为2009年7月到2019年6月这十年，选取2009年7月前已成立并存在至今的开放式偏股混合型基金共228只作为研究样本，研究所需的基金收益率、市场收益、波动率等数据来源于Wind数据库，Carhart四因子的数据来源于中央财经大学中国资产管理研究中心网站上公布的数据，基金分组情况中规模分组、重仓分组来源于Wind数据库，投资风格分组来源于国泰安数据库。

第6章　数据分析及结论

6.1　描述性统计

表6-1描述了基金的分组情况，可以看到按照规模和重仓情况分组时，分组情况较为平衡，而按照投资风格进行分组时，成长型最多，228只基金中占到98只，平衡型基金有85只，而价值型基金只有45只。

表6-1　　　　分组情况

按投资风格分组	成长型基金	价值型基金	平衡型基金	合计
只数	98	45	85	228
按规模分组	大规模基金	中规模基金	小规模基金	合计
只数	68	92	68	228
按重仓情况分组	重仓行业投资基金	非重仓行业投资基金	—	合计
只数	103	125	—	228

表6-2反映了不同类型基金的收益率情况的描述性统计，可以看到，按照投资风格划分，价值型基金的收益率均值最大，为1.000%，

其次为成长型基金，收益率均值为0.963%，平衡型基金的收益率均值最低，为0.956%。成长型基金的标准差最大，为7.725%，其次为平衡型基金，价值型基金的标准差最低，表明成长型基金收益率波动较大，而价值型基金的收益率则最为稳定，这与成长型基金较为激进，收益率波动较大这一预期相符。按照规模划分，规模较大的基金的平均收益率最高，为1.067%，其次为规模中等的基金，平均收益率达0.944%，规模较小的基金的平均收益率最低，为0.900%，这是由于基金的绩效表现较好，基金投资者会倾向于投资该基金，资金流入增加，基金规模变大，反之基金绩效表现差，基金投资者会倾向于转而投资其他基金，资金流出增加，基金规模变小。按照基金主要投资方向是否为同一行业股票划分，重仓行业投资基金的收益率均值比非重仓行业投资基金高，二者分别为0.989%和0.949%，重仓行业投资基金的标准差大于非重仓行业投资基金，重仓行业投资基金的最小值（-0.359）比非重仓行业投资基金最小值（-0.351）小，而最大值（0.446）比非重仓行业投资基金（0.436）最大值大，这可能由于重仓行业投资基金经理深耕于该行业的研究，对该行业的标的研究更加透彻，故而收益率较高，同时由于基金对该行业的投资占比高，相对于非重仓行业投资基金而言分散度低，故而标准差较大，极值的偏离度也较大。

表6-2 **不同类型基金收益率情况描述性统计**

类型	均值（%）	标准差（%）	最小值	最大值
成长型	0.963	7.725	-0.349	0.436
价值型	1.000	7.108	-0.343	0.446
平衡型	0.956	7.177	-0.359	0.383
大规模	1.067	7.153	-0.351	0.436
中规模	0.944	7.261	-0.359	0.446
小规模	0.900	7.163	-0.343	0.417
重仓	0.989	7.253	-0.359	0.446
非重仓	0.949	7.156	-0.351	0.436

6.2 波动择时能力分析

6.2.1 FDR调整前情况分析

按照基于单因子的波动择时模型、基于Fama-French三因子的波动择时模型、基于Carhart四因子的波动择时模型以及基于Fama-French五因子的波动择时模型，对228只基金逐个进行回归分析，得到每只基金的波动择时系数，并按照不同类型进行划分，波动择时系数的情况如表6-3所示。按照投资风格进行划分，成长型基金的波动择时系数均值较价值型和平衡型高，但价值型和平衡型之间没有显著的高低差异。按照规模进行划分，可以看到随着规模变小，波动择时系数的均值也变小，这在单因子、三因子、四因子及五因子四个模型中有一致表现，以单因子模型得到的结果举例，规模较大的基金组合的波动择时系数均值为0.048，规模中等的基金组合该系数均值为-0.629，而规模较小的基金组合该系数均值为-1.365；从标准差来看规模中等的基金组合的标准差最大，表明规模中等的基金波动择时系数较为分散。按照是否重仓同一行业股票划分，重仓行业投资基金的波动择时系数的均值和标准差均高于非重仓行业投资基金。

表6-3　　不同类型基金波动择时系数描述性统计

类型	均值	标准差	最小值	最大值
		单因子		
成长型	-0.274	8.398	-22.065	17.839
价值型	-0.867	7.961	-20.456	12.000
平衡型	-0.959	7.156	-16.794	15.101
大规模	0.048	7.383	-22.065	14.420
中规模	-0.629	8.321	-18.001	17.839
小规模	-1.365	7.662	-20.456	16.011
重仓	-0.312	8.092	-22.065	16.011
非重仓	-0.923	7.648	-20.456	17.839

续表

类型	均值	标准差	最小值	最大值
		三因子		
成长型	-0.161	7.403	-20.119	16.287
价值型	-0.816	7.180	-19.703	11.088
平衡型	-0.732	6.434	-15.560	14.253
大规模	0.045	6.471	-20.119	13.299
中规模	-0.445	7.458	-16.826	16.287
小规模	-1.130	6.875	-19.703	14.253
重仓	-0.228	7.201	-20.119	13.966
非重仓	-0.730	6.827	-19.703	16.287
		四因子		
成长型	0.109	6.293	-17.230	14.536
价值型	-0.884	6.935	-22.385	9.716
平衡型	-0.306	5.237	-10.014	14.652
大规模	0.331	5.398	-17.230	14.652
中规模	-0.288	6.507	-17.910	14.536
小规模	-0.751	6.043	-22.385	13.547
重仓	-0.069	6.425	-17.910	14.652
非重仓	-0.384	5.734	-22.385	14.267
		五因子		
成长型	-0.074	7.188	-19.298	16.425
价值型	-0.663	6.768	-17.668	11.722
平衡型	-0.668	6.252	-16.115	14.315
大规模	0.082	6.354	-19.298	13.674
中规模	-0.466	7.131	-16.616	16.425
小规模	-0.830	6.656	-17.668	14.315
重仓	-0.086	6.785	-19.298	13.674
非重仓	-0.680	6.729	-17.668	16.425

本篇也对不同类型基金组合间的波动择时系数进行比较，见表6-4，可以看到在单因子模型中，成长型基金组合与价值型基金组合比较时，

其波动择时系数均值差为0.685，对应的t检验值为0.589，表明成长型基金和价值型基金的波动择时能力没有显著差异，大规模基金组合与小规模基金组合的波动择时能力也无显著差异，重仓基金组合与非重仓基金组合的波动择时能力也无显著差异，这与三因子、四因子、五因子波动择时能力模型中的结论一致。由于t检验更容易犯第一类错误，本篇采用FDR方法，以基金波动择时能力的p值分布为基础，研究有真正逆周期、顺周期波动择时能力的基金占比情况。

表6-4　不同类型基金波动择时系数的T检验

类型	均值	t检验值
	单因子	
成长型-价值型	0.685	0.589
大规模-小规模	1.412	1.095
重仓-非重仓	0.611	0.585
	三因子	
成长型-价值型	0.571	0.553
大规模-小规模	1.176	1.027
重仓-非重仓	0.502	0.539
	四因子	
成长型-价值型	0.415	0.480
大规模-小规模	1.083	1.102
重仓-非重仓	0.315	0.390
	五因子	
成长型-价值型	0.594	0.592
大规模-小规模	0.912	0.817
重仓-非重仓	0.594	0.661

选用单因子、三因子、四因子及五因子波动择时模型对228只基金逐个进行回归分析，得到单因子模型波动择时系数显著为负的基金51只，占比22.4%，显著为正的基金46只，占比20.2%，不显著的基金131只，占比57.5%；三因子模型波动择时系数显著为负的基金47只，

占比20.6%，显著为正的基金42只，占比18.4%，不显著的基金139只，占比61.0%；四因子模型波动择时系数显著为负的基金28只，占比12.3%，显著为正的基金29只，占比12.7%，不显著的基金171只，占比75.0%；可以看到从单因子到三因子再到四因子的波动择时模型，其显著负相关和显著正相关的占比均逐步下降，特别是加入动量因子后，显著负相关和显著负相关的比例大幅下降，并且动量因子显著不为零的比例达到70.6%，表明动量因子能较好地解释超额收益，而基于Fama-French五因子波动择时模型得到的波动择时系数显著为负的基金44只，占比19.3%，显著为正的基金37只，占比16.2%，占比均略低于三因子波动择时模型得到的系数占比情况，却高于四因子波动择时模型得到的系数占比情况，说明在一定程度上动量因子相对于盈利因子和投资因子更能解释超额收益的来源。按照投资风格分成成长型、价值型、平衡型基金得到表6-5，其中括号内显示的波动择时系数显著为正、显著为负等各种情况的基金个数相对于所在类型基金总个数的情况，可以发现，成长型基金相较于价值型和平衡型基金，其波动择时因子显著正相关的比例较高，四种模型中显著正相关的有24只、22只、15只和21只，占整体成长型基金比例为24.5%、22.4%、15.3%和21.4%，表明成长型基金管理者更具有一定的顺周期波动择时能力；逆周期波动择时能力的差异在四种投资风格的基金中表现不明显。

表6-5 **按投资风格分组的波动择时能力分析**

	显著负相关	不显著负相关	不显著正相关	显著正相关
		单因子模型		
成长型	20（20.4%）	32（32.7%）	22（22.4%）	24（24.5%）
价值型	10（22.2%）	11（24.4%）	15（33.3%）	9（20.0%）
平衡型	21（24.7%）	24（28.2%）	27（31.8%）	13（15.3%）
合计	51（22.4%）	67（29.4%）	64（28.1%）	46（20.2%）
		三因子模型		
成长型	17（17.3%）	32（32.7%）	27（27.6%）	22（22.4%）
价值型	9（20.0%）	13（28.9%）	15（33.3%）	8（17.8%）
平衡型	21（24.7%）	23（27.1%）	29（34.1%）	12（14.1%）
合计	47（20.6%）	68（29.8%）	71（31.1%）	42（18.4%）

续表

	显著负相关	不显著负相关	不显著正相关	显著正相关
		四因子模型		
成长型	10（10.2%）	38（38.8%）	35（35.7%）	15（15.3%）
价值型	9（20.0%）	12（26.7%）	18（40.0%）	6（13.3%）
平衡型	9（10.6%）	34（40.0%）	34（40.0%）	8（9.4%）
合计	28（12.3%）	84（36.8%）	87（38.2%）	29（12.7%）
		五因子模型		
成长型	16（16.3%）	32（32.7%）	29（29.6%）	21（21.4%）
价值型	10（22.2%）	14（31.1%）	14（31.1%）	7（15.6%）
平衡型	18（21.2%）	25（30.6%）	32（37.6%）	9（10.6%）
合计	44（19.3%）	72（31.6%）	75（32.9%）	37（16.2%）

注：表中数据表示按照投资风格分组，各类型基金中波动择时系数显著为负、不显著为负、不显著为正、显著为正的基金数量，括号内表示各类型基金中波动择时系数显著为负、不显著为负、不显著为正、显著为正的基金的占比情况。

将这些基金的波动择时情况按照规模分组得到表6-6，可以发现规模较小的基金在单因子模型中波动择时因子显著为负的比例为25.0%，而规模较大的基金和规模中等的基金波动择时因子显著为负的比例分别为17.6%和23.9%，因而在单因子模型中，规模较小的基金的逆周期波动择时能力表现较好；规模中等的基金在单因子模型中波动择时因子显著为正的比例为25.0%，规模较大的基金和规模较小的基金波动择时因子显著为正的比例为16.2%和17.6%，说明在单因子模型中规模中等的基金的顺周期波动择时能力表现较好。在三因子模型和五因子模型中，规模较小的基金均表现出较强的逆周期波动择时能力．规模中等的基金表现出较强的顺周期波动择时能力，与单因子模型结果相同。在四因子模型中，规模中等的基金波动择时因子显著为负的比例为17.4%，而规模较大和规模较小的基金波动择时因子显著为负的占比均为8.8%，表明在四因子模型中规模中等的基金的逆周期波动择时能力表现较好。同理，在四因子模型中顺周期波动择时能力表现较好的基金组合为规模较大的基金。在单因子、三因子、四因子和五因子波动择时模型中，规模较大的基金逆周期波动择时能力表现相比于其他两组表现均较差。

表6-6 按规模分组的波动择时能力分析

	显著负相关	不显著负相关	不显著正相关	显著正相关
单因子模型				
大规模（30%）	12（17.6%）	18（26.5%）	27（39.7%）	11（16.2%）
中规模（40%）	22（23.9%）	27（29.3%）	20（21.7%）	23（25.0%）
小规模（30%）	17（25.0%）	22（32.4%）	17（25.0%）	12（17.6%）
合计	51（22.4%）	67（29.4%）	64（28.1%）	46（20.2%）
三因子模型				
大规模（30%）	12（17.6%）	17（25.0%）	29（42.6%）	10（14.7%）
中规模（40%）	20（21.7%）	28（30.4%）	24（26.1%）	20（21.7%）
小规模（30%）	15（22.1%）	23（33.8%）	18（26.5%）	12（17.6%）
合计	47（20.6%）	68（29.8%）	71（31.1%）	42（18.4%）
四因子模型				
大规模（30%）	6（8.8%）	21（30.9%）	32（47.1%）	9（13.2%）
中规模（40%）	16（17.4%）	30（32.6%）	34（37.0%）	12（13.0%）
小规模（30%）	6（8.8%）	33（48.5%）	21（30.9%）	8（11.8%）
合计	28（12.3%）	84（36.8%）	87（38.2%）	29（12.7%）
五因子模型				
大规模（30%）	10（14.7%）	18（26.5%）	31（45.6%）	9（13.2%）
中规模（40%）	18（19.6%）	31（33.7%）	26（28.3%）	17（18.5%）
小规模（30%）	16（23.5%）	23（33.8%）	18（26.5%）	11（16.2%）
合计	44（19.3%）	72（31.6%）	75（32.9%）	37（16.2%）

注：表中数据表示按照规模分组，各类型基金中波动择时系数显著为负、不显著为负、不显著为正、显著为正的基金数量，括号内表示各类型基金中波动择时系数显著为负、不显著为负、不显著为正、显著为正的基金的占比情况。

将这些基金的波动择时情况按照是否行业重仓分组得到表6-7，可以看到在单因子波动择时模型中和三因子波动择时模型中，重仓行业投资基金的顺周期波动择时能力比非重仓行业投资基金的能力强，逆周期波动择时能力比非重仓行业投资基金的能力弱。在四因子波动择时模型中，重仓行业投资基金和非重仓行业投资基金波动择时因子显著为正的比例分别为12.6%和12.8%，波动择时因子显著为负的比例分别为13.6%和11.2%，表明就顺周期波动择时能力而言非重仓行业投资基金表现较优，就逆周期波动择时能力而言则重仓行业投资基金表现较优，在五因子波动择时模型中，重仓行业投资基金和非重仓行业投资基金波动择时因子显著为正的比例分别为15.5%和16.8%，波动择时因子显著为负的比例分别为17.5%和20.8%，表明非重仓行业投资基金在顺周期和逆周期波动择时能力上均强于重仓行业投资基金。

表6-7 **按是否行业重仓的波动择时能力分析**

	显著负相关	不显著负相关	不显著正相关	显著正相关
		单因子模型		
重仓	21（20.4%）	32（31.1%）	28（27.2%）	22（21.4%）
非重仓	30（24.0%）	35（28.0%）	36（28.8%）	24（19.2%）
合计	51（22.4%）	67（29.4%）	64（28.1%）	46（20.2%）
		三因子模型		
重仓	19（18.4%）	34（33.0%）	30（29.1%）	20（19.4%）
非重仓	28（22.4%）	34（27.2%）	41（32.8%）	22（17.6%）
合计	47（20.6%）	68（29.8%）	71（31.1%）	42（18.4%）
		四因子模型		
重仓	14（13.6%）	36（35.0%）	40（38.8%）	13（12.6%）
非重仓	14（11.2%）	48（38.4%）	47（37.6%）	16（12.8%）
合计	28（12.3%）	84（36.8%）	87（38.2%）	29（12.7%）
		五因子模型		
重仓	18（17.5%）	30（29.1%）	39（37.9%）	16（15.5%）
非重仓	26（20.8%）	42（33.6%）	36（28.8%）	21（16.8%）
合计	44（19.3%）	72（31.6%）	75（32.9%）	37（16.2%）

注：表中数据表示按照是否行业重仓分组，各类型基金中波动择时系数显著为负、不显著为负、不显著为正、显著为正的基金数量，括号内表示各类型基金中波动择时系数显著为负、不显著为负、不显著为正、显著为正的基金的占比情况。

整体来看，基于四种模型得到的基金顺周期波动择时能力和逆周期波动择时能力存在一定差异，其中单因子波动择时模型和三因子波动择时模型的结果基本一致，而四因子波动择时模型的结果中一方面有波动择时能力的基金数量有明显下降，另一方面各分组之间的差异和另两个模型得到的结果有所不同，五因子波动择时模型的结果和单因子、三因子波动择时模型得到的结果更为接近。

6.2.2 FDR调整后整体情况分析

下面对基金波动择时能力根据FDR方法进行调整。首先是利用Storey（2002）的Bootstrap方法计算每个基金的p值，从而估计π_0值，以四因子波动择时模型为例。图6-1是四因子波动择时模型的各基金的p值的频数分布图，可以看到从0到1呈逐渐下降模式，0.6～0.9这一段比较稳定。表6-8是四因子被动择时模型不同λ值下的基金占比情况，没有波动择时能力的基金比例π_0相对较为稳定，与Barras等（2010）的结论π_0的估计值与λ不敏感相一致，故选取λ值为0.7时，π_0为0.614。单因子波动择时模型、三因子波动择时模型和五因子波动择时模型的π_0的计算方式也是类似情况，取λ值分别为0.8、0.6和0.7。

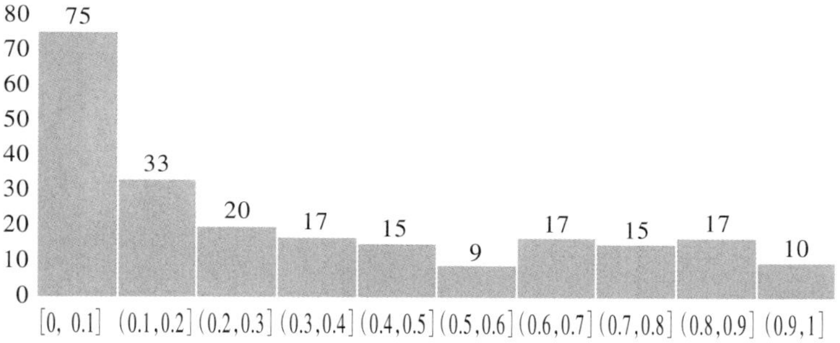

图6-1 四因子波动择时模型的Bootstrap-p值的频数分布图

表6-8 四因子波动择时模型不同λ值下的基金占比情况

λ	0.3	0.4	0.5	0.6	0.7	平均值
π_0	0.627	0.607	0.596	0.647	0.614	0.618

表6-9描述了基于FDR调整后的基金有顺周期波动择时能力、逆周期波动择时能力和无波动择时能力的比例，可以看到FDR调整后基金

仍有顺周期波动择时能力和逆周期波动择时能力，在单因子、三因子、四因子、五因子波动择时模型中，有顺周期波动择时能力的基金占比分别达到25.1%、20.9%、18.9%和20.2%；有逆周期波动择时能力的基金占比分别为28.6%、24.8%、19.7%和23.3%。四个模型下逆周期波动择时能力比顺周期波动择时能力占比高，从单因子波动择时模型到三因子、四因子波动择时模型，有波动择时能力的基金占比逐步下降，五因子波动择时模型中有波动择时能力的基金占比低于三因子模型，高于四因子波动择时模型。Kim和In（2012）采用四因子波动择时模型研究美国市场的基金波动择时能力并经FDR调整后，发现顺周期和逆周期波动择时能力占比大致相同，分别为30.4%和29.6%，可以看到美国市场有波动择时能力的基金占比比中国市场的要高。

表6-9　　**基于FDR调整后的波动择时能力整体分析**

	无波动择时能力（π_0）	顺周期波动择时能力（π_A^+）	逆周期波动择时能力（π_A^-）
	单因子模型		
占比	46.3%	25.1%	28.6%
数量	106	57	65
	三因子模型		
占比	54.3%	20.9%	24.8%
数量	124	48	56
	四因子模型		
占比	61.4%	18.9%	19.7%
数量	140	43	45
	五因子模型		
占比	56.5%	20.2%	23.3%
数量	129	46	53

表6-10描述了在不同显著性水平下左尾和右尾的FDR情况，我们可以发现，随着显著性水平γ从0.05增大至0.20，左尾和右尾的S_γ^-和S_γ^+有所上升，同时FDR_γ^-和FDR_γ^+也有所上升，表明被误判为有顺（逆）周期波动择时能力的基金占实际观测到的有顺（逆）周期波动择时能力

的比例都在上升。例如，在单因子波动择时模型中，当 γ =0.05时，实际观测到的有顺（逆）周期波动择时能力的基金中有5.6%是被误判的，而当 γ =0.20时，实际观测到的有顺（逆）周期波动择时能力的基金中有14.8%是被误判的。将四个波动择时模型进行比较，可以发现单因子波动择时模型估计的 FDR_{γ}^{+} 和 FDR_{γ}^{-} 相对较小，表明实际观测值中犯第Ⅰ类错误的概率更低一些，说明在统计极端左尾和右尾中真正的有顺（逆）周期波动择时能力的基金 T_{γ}^{+}（T_{γ}^{-}）的准确性更高。

表6-10 **基于FDR调整后的波动择时能力尾部分析**

	左尾的误判率情况					右尾的误判率情况			
显著性水平 γ	0.05	0.10	0.15	0.20	0.20	0.15	0.10	0.05	显著性水平 γ
				单因子模型					
显著性 S_{γ}^{-}	0.224	0.285	0.316	0.338	0.285	0.263	0.228	0.202	显著性 S_{γ}^{+}
误判率 F_{γ}^{-}	0.013	0.025	0.038	0.050	0.050	0.038	0.025	0.013	误判率 F_{γ}^{+}
FDR_{γ}^{-}	0.056	0.088	0.119	0.148	0.175	0.143	0.110	0.062	FDR_{γ}^{+}
T_{γ}^{-}	0.211	0.260	0.278	0.288	0.235	0.226	0.203	0.189	T_{γ}^{+}
				三因子模型					
显著性 S_{γ}^{-}	0.206	0.263	0.307	0.325	0.276	0.246	0.215	0.184	显著性 S_{γ}^{+}
误判率 F_{γ}^{-}	0.015	0.030	0.045	0.060	0.060	0.045	0.030	0.015	误判率 F_{γ}^{+}
FDR_{γ}^{-}	0.073	0.114	0.147	0.185	0.217	0.183	0.140	0.081	FDR_{γ}^{+}
T_{γ}^{-}	0.191	0.233	0.262	0.265	0.216	0.201	0.185	0.169	T_{γ}^{+}
				四因子模型					
显著性 S_{γ}^{-}	0.123	0.180	0.228	0.259	0.211	0.180	0.154	0.127	显著性 S_{γ}^{+}
误判率 F_{γ}^{-}	0.015	0.031	0.046	0.061	0.061	0.046	0.031	0.015	误判率 F_{γ}^{+}
FDR_{γ}^{-}	0.125	0.171	0.202	0.237	0.292	0.256	0.200	0.121	FDR_{γ}^{+}
T_{γ}^{-}	0.107	0.149	0.182	0.197	0.149	0.134	0.123	0.112	T_{γ}^{+}
				五因子模型					
显著性 S_{γ}^{-}	0.193	0.254	0.285	0.311	0.259	0.228	0.219	0.162	显著性 S_{γ}^{+}
误判率 F_{γ}^{-}	0.018	0.035	0.053	0.070	0.070	0.053	0.035	0.018	误判率 F_{γ}^{+}
FDR_{γ}^{-}	0.091	0.138	0.184	0.225	0.271	0.230	0.160	0.108	FDR_{γ}^{+}
T_{γ}^{-}	0.175	0.219	0.233	0.241	0.189	0.176	0.184	0.145	T_{γ}^{-}

6.2.3 FDR调整后不同类型基金情况分析

下面我们着重对不同类型基金的顺（逆）周期波动择时能力进行分析。将基金分成成长型、价值型、平衡型三类后，各类型基金中有波动择时能力的占比情况见表6-11。我们可以发现，成长型基金中有顺周期波动择时能力基金占比在四个模型中均是最高的，占比分别达到25.4%、21.7%、20.3%和22.3%，平衡型基金中有顺周期波动择时能力基金占比在四个模型中均是最低的，占比分别为19.9%、16.4%、13.2%及16.8%，而逆周期波动择时能力占比较高的基金分组也是成长型基金；未经FDR调整时，成长型基金的顺周期波动择时能力较明显，逆周期波动择时能力并不明显，这说明经FDR调整后，成长型基金的逆周期波动择时能力得到凸显。成长型基金的顺周期波动择时能力和逆周期波动择时能力均很显著，这与假设一以及Giambona和Golec（2009）实证得到的在美国市场越是激进型的基金，其逆周期波动择时能力越显著，越是价值型的基金，其顺周期波动择时能力越显著这一结论不一致。Giambona和Golec（2009）引入了管理费用的激励部分，由于激进型基金整体的风险已经很高，所以偏向于选择逆周期波动择时策略，在市场波动加剧即市场波动率提高时，基金经理会减小风险β值，从而减少手中资产的风险敞口，而在市场波动率降低时则增加风险β值，从而维持整体风险敞口处于预期水平；管理价值型基金的基金经理则考虑到管理费用的激励部分（即除基本管理费外跟基金投资绩效相挂钩），基于效用最大化原则，可能会选择在市场波动加剧时，增加风险敞口获取更高的回报率。由于中国市场的基金管理费用等很少与业绩相挂钩，并且本篇研究的样本的管理费用均为恒定比例，还可能由于其他激励导致基金经理选择更为激进的投资策略，例如基金公司对每季度管理基金绩效表现排名靠前的基金经理有高额的绩效奖励以及获得明星基金称号等声誉方面的隐性激励，因此成长型基金中顺周期波动择时能力也很显著。

表6-11 **基于FDR调整后的按投资风格分组的基金波动择时能力分析**

		无波动择时能力（π_0）	顺周期波动择时能力（π_A^+）	逆周期波动择时能力（π_A^-）
		单因子模型		
成长型	占比	46.2%	25.4%	28.4%
	数量	45	25	28
价值型	占比	56.2%	22.3%	21.5%
	数量	25	10	10
平衡型	占比	51.9%	19.9%	28.2%
	数量	44	17	24
		三因子模型		
成长型	占比	51.5%	21.7%	26.8%
	数量	51	21	26
价值型	占比	58.1%	20.9%	20.9%
	数量	27	9	9
平衡型	占比	60.1%	16.4%	23.5%
	数量	51	14	20
		四因子模型		
成长型	占比	59.5%	20.3%	20.3%
	数量	58	20	20
价值型	占比	66.7%	18.9%	14.4%
	数量	29	10	6
平衡型	占比	67.6%	13.2%	19.1%
	数量	58	11	16
		五因子模型		
成长型	占比	51.3%	22.3%	26.4%
	数量	50	22	26
价值型	占比	62.5%	22.1 %	15.4%
	数量	28	10	7
平衡型	占比	60.6%	16.8%	22.6%
	数量	52	14	19

将这些基金按规模划分成大中小规模三类，占比分别为30%、40%和30%，经FDR调整后得到基金波动择时能力占比情况见表6-12。由此可以得到规模较大的基金中有逆周期波动择时能力的占比相较于规模中等和规模较小组是最低的，在单因子、三因子、四因子和五因子波动择时模型中分别为20.8%、17.9%、15.1%和21.0%；这与未经FDR调整的结果一致。而规模较小的基金中有逆周期波动择时能力的基金占比在

单因子、三因子、四因子和五因子波动择时模型中分别为31.6%、28.2%、20.8%及24.2%，均高于规模较大组和规模中等组，而有顺周期波动择时能力的基金占比在四个模型中分别为19.9%、17.9%、13.5%和15.4%，均低于规模较大组和规模中等组，未经FDR调整时没有相对应的结果。规模较小的基金的逆周期波动择时能力更显著这一结论与刘鹏（2013）中成立期限更短、规模更小的基金有更显著的波动择时能力这一研究结论一致，也与假设二一致。

表6-12　　基于FDR调整后的按规模分组的基金波动择时能力分析

		无波动择时能力（π_0）	顺周期波动择时能力（π_A^+）	逆周期波动择时能力（π_A^-）
		单因子模型		
大规模（30%）	占比	52.5%	26.7%	20.8%
	数量	36	18	14
中规模（40%）	占比	46.1%	24.8%	29.1%
	数量	42	23	27
小规模（30%）	占比	48.5%	19.9%	31.6%
	数量	33	13	22
		三因子模型		
大规模（30%）	占比	62.8%	19.4%	17.9%
	数量	43	13	12
中规模（40%）	占比	53.2%	21.8%	25.0%
	数量	49	20	23
小规模（30%）	占比	53.9%	17.9%	28.2%
	数量	37	12	19
		四因子模型		
大规模（30%）	占比	69.8%	15.1%	15.1%
	数量	48	10	10
中规模（40%）	占比	56.4%	22.9%	20.7%
	数量	52	21	19
小规模（30%）	占比	65.7%	13.5%	20.8%
	数量	45	9	14
		五因子模型		
大规模（30%）	占比	53.6%	25.4%	21.0%
	数量	36	17	14
中规模（40%）	占比	56.1%	19.8%	24.1%
	数量	52	18	22
小规模（30%）	占比	60.4%	15.4%	24.2%
	数量	41	10	17

将这些基金按主要投资方向是否为同一行业股票划分为重仓行业投资基金和非重仓行业投资基金，经FDR调整后得到基金波动择时能力占比情况见表6-13。由此可以得到重仓行业投资基金中有顺周期波动择时能力的占比相较于非重仓行业投资基金要高，在单因子、三因子、四因子和五因子波动择时模型中分别为27.9%、22.0%、20.0%和22.9%，这与假设三是一致的。有关逆周期波动择时能力的基金占比的结果四个模型并不一致，而此分类下未经FDR调整的顺周期和逆周期波动择时能力占比的四个模型结果均不一致，这可能是由于非重仓行业投资基金的基金经理对整体市场的波动较为关注，从而表现出一定的逆周期波动择时能力，并且与重仓行业投资基金集中度较高导致的逆周期波动择时能力不相上下。

表6-13 基于FDR调整后的按投资方向分组的基金波动择时能力分析

		无波动择时能力（π_0）	顺周期波动择时能力（π_A^+）	逆周期波动择时能力（π_A^-）
		单因子模型		
重仓	占比	44.3%	27.9%	27.9%
	数量	45	29	29
非重仓	占比	52.0%	20.8%	27.2%
	数量	65	26	34
		三因子模型		
重仓	占比	54.2%	22.0%	23.9%
	数量	55	23	25
非重仓	占比	58.0%	18.2%	23.8%
	数量	72	23	30
		四因子模型		
重仓	占比	61.9%	20.0%	18.1%
	数量	63	21	19
非重仓	占比	63.6%	16.6%	19.8%
	数量	79	21	25
		五因子模型		
重仓	占比	52.2%	22.9%	24.9%
	数量	54	24	25
非重仓	占比	58.4%	18.8%	22.8%
	数量	73	24	28

将逆周期波动择时能力基金占比与顺周期波动择时能力基金占比进行比较，我们可以发现，无论是重仓行业投资基金还是非重仓行业投资基金，有逆周期波动择时能力的基金占比高于顺周期波动择时能力的基金占比（除四因子模型中重仓行业投资基金中逆周期波动择时能力的基金占比低于顺周期外），表明基金经理更多的是选择逆周期波动择时策略，与Busse（1999）的结论一致，而在未经FDR调整时这一对比并不明显。

对极端左尾和右尾情况进行进一步分析，表6-14描述了在不同显著性水平下重仓行业投资基金和非重仓行业投资基金左尾和右尾的FDR情况，与整体的FDR调整后的左（右）尾情况一致，随着显著性水平 γ 上升，左尾和右尾的 S_γ^- 和 S_γ^+ 有所上升，同时 FDR_γ^- 和 FDR_γ^+ 也有所上升，其中左尾的 FDR_γ^- 比右尾的 FDR_γ^+ 要低，表明逆周期波动择时能力的实际观测值中犯第Ⅰ类错误的概率更低一些，真正的有逆周期波动择时能力的基金 T_γ^- 的准确性更高，这也侧面解释了表6-13得出的FDR调整后有逆周期波动择时能力的基金占比高于顺周期波动择时能力的基金占比这一结论。

表6-14　基于FDR调整后的按投资方向分组的基金波动择时能力尾部分析

	左尾的误判率情况					右尾的误判率情况			
	显著性水平γ	0.05	0.10	0.15	0.20	0.20	0.15	0.10	0.05	显著性水平γ
单因子模型										
重仓	显著性 S_γ^-	0.204	0.262	0.301	0.330	0.282	0.272	0.243	0.214	显著性 S_γ^+
	误判率 F_γ^-	0.013	0.025	0.038	0.050	0.050	0.038	0.025	0.013	误判率 F_γ^+
	FDR_γ^-	0.061	0.095	0.125	0.151	0.178	0.138	0.103	0.059	FDR_γ^+
	T_γ^-	0.191	0.237	0.263	0.280	0.232	0.234	0.218	0.201	T_γ^+
非重仓	显著性 S_γ^-	0.240	0.304	0.328	0.344	0.288	0.256	0.216	0.192	显著性 S_γ^+
	误判率 F_γ^-	0.015	0.030	0.045	0.060	0.060	0.045	0.030	0.015	误判率 F_γ^+
	FDR_γ^-	0.063	0.099	0.137	0.174	0.208	0.176	0.139	0.078	FDR_γ^+
	T_γ^-	0.225	0.274	0.283	0.284	0.228	0.211	0.186	0.177	T_γ^+

续表

	左尾的误判率情况									右尾的误判率情况
三因子模型										
重仓	显著性 S_γ^-	0.184	0.233	0.291	0.311	0.291	0.252	0.223	0.194	显著性 S_γ^+
	误判率 F_γ^-	0.016	0.033	0.049	0.065	0.065	0.049	0.033	0.016	误判率 F_γ^+
	FDR_γ^-	0.088	0.139	0.167	0.209	0.223	0.193	0.146	0.084	FDR_γ^+
	T_γ^-	0.168	0.201	0.243	0.246	0.226	0.204	0.191	0.178	T_γ^+
非重仓	显著性 S_γ^-	0.224	0.288	0.320	0.336	0.264	0.240	0.208	0.176	显著性 S_γ^+
	误判率 F_γ^-	0.016	0.033	0.049	0.065	0.065	0.049	0.033	0.016	误判率 F_γ^+
	FDR_γ^-	0.073	0.113	0.152	0.193	0.246	0.203	0.156	0.092	FDR_γ^+
	T_γ^-	0.208	0.256	0.271	0.271	0.199	0.191	0.176	0.160	T_γ^+
四因子模型										
重仓	显著性 S_γ^-	0.136	0.184	0.233	0.252	0.214	0.194	0.165	0.126	显著性 S_γ^+
	误判率 F_γ^-	0.016	0.033	0.049	0.065	0.065	0.049	0.033	0.016	误判率 F_γ^+
	FDR_γ^-	0.120	0.176	0.209	0.258	0.304	0.251	0.197	0.129	FDR_γ^+
	T_γ^-	0.120	0.152	0.184	0.187	0.149	0.145	0.133	0.110	T_γ^+
非重仓	显著性 S_γ^-	0.112	0.176	0.224	0.264	0.208	0.168	0.144	0.128	显著性 S_γ^+
	误判率 F_γ^-	0.016	0.033	0.049	0.065	0.065	0.049	0.033	0.016	误判率 F_γ^+
	FDR_γ^-	0.145	0.185	0.218	0.246	0.313	0.290	0.226	0.127	FDR_γ^+
	T_γ^-	0.096	0.144	0.175	0.199	0.143	0.119	0.112	0.112	T_γ^+
五因子模型										
重仓	显著性 S_γ^-	0.175	0.233	0.252	0.282	0.272	0.243	0.223	0.155	显著性 S_γ^+
	误判率 F_γ^-	0.016	0.033	0.049	0.065	0.065	0.049	0.033	0.016	误判率 F_γ^+
	FDR_γ^-	0.093	0.139	0.193	0.231	0.239	0.201	0.146	0.105	FDR_γ^+
	T_γ^-	0.159	0.201	0.204	0.217	0.207	0.194	0.191	0.139	T_γ^+
非重仓	显著性 S_γ^-	0.208	0.272	0.312	0.336	0.248	0.216	0.216	0.168	显著性 S_γ^+
	误判率 F_γ^-	0.018	0.035	0.053	0.070	0.070	0.053	0.035	0.018	误判率 F_γ^+
	FDR_γ^-	0.084	0.129	0.168	0.208	0.282	0.243	0.162	0.104	FDR_γ^+
	T_γ^-	0.191	0.237	0.260	0.266	0.178	0.164	0.181	0.151	T_γ^+

基于前述对FDR调整后不同类型基金的波动择时能力的分析，与FDR调整前进行对比的情况见表6-15，我们可以发现：

① 成长型基金相比平衡型基金和价值型基金更具有顺周期和逆周期波动择时能力；

② 规模较小的基金逆周期波动择时能力表现最好，顺周期波动择时能力表现最差；

③ 重仓行业投资基金顺周期波动择时能力表现较好。

表6-15　FDR调整前后不同类型的基金波动择时能力分析

分类情况	调整前	调整后
按投资风格	成长型基金更具有顺周期波动择时能力	①成长型基金更具有顺周期和逆周期波动择时能力 ②平衡型基金顺周期波动择时能力表现最差
按规模	规模较大的基金逆周期波动择时能力表现最差	①规模较大的基金逆质期波动择时能力表现最差 ②规模较小的基金逆周期波动择时能力表现最好，顺周期波动择时能力表现最差
按是否行业重仓	不明显	①重仓行业投资基金顺周期波动择时能力表现较好 ②逆周期波动择时能力的基金占比均高于顺周期波动择时能力的基金占比

由于顺周期波动择时策略是在市场波动大时，基金经理主动增加风险敞口以期获得更高的回报率，因而较为激进的投资者在选择基金投资时，可以考虑重仓行业投资基金，而选择成长型基金时需要对基金进行进一步分析与判断；而风险规避型的投资者在选择基金投资时可以选择平衡型基金和规模较小的基金。

6.2.4　基于T-M和H-M模型的波动择时能力分析

由于基于T-M构造的波动择时模型和基于H-M构造的波动择时模型相比于Carhart四因子模型增加了风格择时能力，有市场择时（market-timing）、规模择时（size-timing）、价值择时（value-timing）和动量择时（momentum-timing），对基金绩效也起到一定的解释作用，并且学者们对中国市场的研究发现，除市场择时外，规模择时在牛市中对绩效影响最显著，动量择时对平衡型基金绩效有显著影响等（易力&胡振华，2016）。故本篇将Carhart四因子波动择时模型与基于T-M构造的波动择时模型、基于H-M构造的波动择时模型进行比较，通过对有无波动择时能力的基金占比、FDR等指标来判断四因子模型中的顺（逆）周期波动择时能力是否受其他风格择时因子影响。表6-16反映了三个模型下不同波动择时能力的基金占比，可以发现经FDR调整后，T-M模型和H-M模型的没有波动择时能力基金占比均比四因子波动择时模型要高，顺周期波动择时能力基金占比均比四因子波动择时模型要低，说明在四因子模型中所认为的顺周期波动择时能力中有一部分其实是其他择时能力的体现。表6-17则反映了尾部在不同显著性水平下的FDR情况，可以发现整体而言，随着显著性水平 γ 上升，FDR_γ^- 和 FDR_γ^+ 也同时上升。四因子模型相比于H-M模型 FDR_γ^- 和 FDR_γ^+ 较低，如在 $\gamma=0.20$ 时，四因子模型的 FDR_γ^- 和 FDR_γ^+ 分别为0.237和0.292，而T-M模型则分别为0.237和0.335，H-M模型分别为0.393和0.326，这说明四因子模型中真正有波动择时能力的基金占比更精准。整体而言，引入风格择时因子对四因子波动择时模型的结论影响不大。

表6-16 基于FDR调整后的风格择时模型的波动择时能力分析

	无波动择时能力（π_0）	顺周期波动择时能力（π_A^+）	逆周期波动择时能力（π_A^-）
四因子模型			
占比	61.4%	18.9%	19.7%
数量	140	43	45
T-M风格择时模型			
占比	62.7%	15.1%	22.2%
数量	143	34	51
H-M风格择时模型			
占比	68.6%	18.6%	12.9%
数量	156	42	29

表6-17　基于FDR调整后的风格择时模型的波动择时能力尾部分析

左尾的误判率情况					右尾的误判率情况			
显著性水平γ	0.05	0.10	0.15	0.20	0.20	0.15	0.10	0.05	显著性水平γ
四因子模型									
显著性 S_γ^-	0.123	0.180	0.228	0.259	0.211	0.180	0.154	0.127	显著性 S_γ^+
误判率 F_γ^-	0.015	0.031	0.046	0.061	0.061	0.046	0.031	0.015	误判率 F_γ^+
FDR_γ^-	0.125	0.171	0.202	0.237	0.292	0.256	0.200	0.121	FDR_γ^+
T_γ^-	0.107	0.149	0.182	0.197	0.149	0.134	0.123	0.112	T_γ^+
T-M 风格择时模型									
显著性 S_γ^-	0.132	0.180	0.228	0.254	0.180	0.167	0.140	0.092	显著性 S_γ^+
误判率 F_γ^-	0.015	0.030	0.045	0.060	0.060	0.045	0.030	0.015	误判率 F_γ^+
FDR_γ^-	0.115	0.168	0.198	0.237	0.335	0.271	0.215	0.164	FDR_γ^+
T_γ^-	0.117	0.150	0.183	0.194	0.120	0.121	0.110	0.077	T_γ^+
H-M 风格择时模型									
显著性 S_γ^-	0.092	0.132	0.149	0.171	0.206	0.171	0.140	0.083	显著性 S_γ^+
误判率 F_γ^-	0.017	0.034	0.050	0.067	0.067	0.050	0.034	0.017	误判率 F_γ^+
FDR_γ^-	0.183	0.256	0.338	0.393	0.326	0.295	0.240	0.202	FDR_γ^+
T_γ^-	0.075	0.098	0.099	0.104	0.139	0.121	0.107	0.067	T_γ^+

6.3　波动择时能力绩效表现分析

对基金的波动择时能力进行研究时，除判断基金是否具有顺周期、逆周期波动择时能力外，还有一个重要问题是波动择时能力对基金绩效表现的影响。从风险与收益这一角度分析，由于顺周期波动择时能力的基金比逆周期波动择时能力的基金承担了更高的风险，因而顺周期波动择时能力的基金比逆周期波动择时能力的基金的绩效表现更优（Busse，1999；Giambona & Golec，2009）。本篇引入FDR方法，研究经FDR调整后的基金波动择时能力与绩效表现的关系。

6.3.1 同期波动择时能力与绩效表现分析

由于通过FDR控制后，我们只能了解到某一只基金在哪个尾部，但是不能确认该基金是被误判的还是真正有波动择时能力的，FDR_{γ}^{+}（FDR_{γ}^{-}）代表在γ显著性水平下右（左）尾被误判成有能力基金的比例，所以在对波动择时能力与绩效表现进行分析时，要根据不同的FDR水平来控制逆周期波动择时能力、顺周期波动择时能力、无波动择时能力三个投资组合的划分情况。类比Barras et al.（2010）的投资组合构建，选定FDR^{+}的目标水平z^{+}为10%、30%、50%、70%、90%，在一定的显著性水平下（γ =0.01，0.02，0.03，…，0.60），得到相对应的FDR_{γ}^{+}，选择最接近目标水平z^{+}的显著性水平γ，从而构建三个等权重投资组合。

研究同期波动择时能力与绩效表现时，投资组合构建是基于全样本的，基于2010—2019年整个时间段的数据来划分顺周期波动择时能力、逆周期波动择时能力和无波动择时能力的基金。此外对三种不同波动择时能力的投资组合进行比较时，参照Kim and In（2012），对不同投资组合进行绩效比较时，用Bootstrap方法构建投资组合间的相关p值：

$$p = \frac{1}{N}\sum_{i=1}^{N} I(PM_i^{\text{逆周期波动择时能力}} - PM_i^{\text{顺周期波动择时能力}})$$

$$p = \frac{1}{N}\sum_{i=1}^{N} I(PM_i^{\text{逆周期波动择时能力}} - PM_i^{\text{无波动择时能力}})$$

其中：PM指的绩效表现，为夏普比率（Sharpe Ratio）或者超额收益率（Excess Return）；N取1 000次；p越小，表明有逆周期波动择时能力的基金组合相比于顺周期波动择时能力（无波动择时能力）的基金组合绩效表现越差。

表6-18给出了FDR^{+}的目标水平z^{+}为10%、30%时的三类投资组合的绩效表现情况以及组合之间绩效表现的差值，括号内是对应的p值。由于z^{+}为30%时显著性水平为0.6，故目标水平z^{+}为50%、70%、90%时的投资组合是一样的，可以看到逆周期波动择时能力组合的绩效表现

超额收益率和夏普比率均是最低的，其次是无波动择时能力的组合，表现最好的是顺周期波动择时能力的组合，例如绩效表现用超额收益率来衡量时，FDR设定的目标为10%构建的逆周期波动择时能力、顺周期波动择时能力和无波动择时能力的基金投资组合的超额收益率分别为0.606%、0.741%和0.664%。从p值情况来看，可以看到p值相对较低，更接近于0，进一步说明有逆周期波动择时能力的基金在降低风险的同时也在一定程度上降低了相对应的回报。

表6-18　**等权重顺周期、逆周期和无波动择时能力的投资组合样本内绩效表现**

目标$\gamma(z^+)$	夏普比率		超额收益率	
	FDR10%	FDR30%	FDR10%	FDR30%
逆周期波动择时组合	3.276%	3.159%	0.506%	0.599%
顺周期波动择时组合	4.076%	3.816%	0.741%	0.691%
无波动择时能力组合	3.746%	3.454%	0.664%	0.601%
逆周期-无波动择时能力	−0.470% (0.283)	−0.295% (0.296)	−0.058% (0.279)	−0.002% (0.346)
逆周期-顺周期波动择时能力	−0.800% (0.369)	−0.657% (0.385)	−0.134% (0 395)	−0.092% (0.476)

注：表中数据表示不同FDR目标值下顺周期、逆周期和无波动择时能力的投资组合的夏普比率和超额收益率，括号内数据表示参照Kim和In（2012），用Bootstrap方法构建投资组合间的对应p值。

理论上而言，FDR越小，所生成的投资组合中真实的有能力的基金占比越高，其波动择时能力所对应的超额收益率越能代表有能力的基金的真实情况，选择标准越严苛；反之，FDR越大，其中真实的有能力的基金占比越低，投资组合更分散化和多元化。将表6-18的结果横向比较，FDR为30%的分组相比于FDR为10%的分组而言，超额收益率和夏普比率相对较低，这也是合乎理论的。

6.3.2 样本外绩效表现分析

研究当期有波动择时能力的基金之后的绩效表现时，其投资组合构建方式与6.3.1节类似，但研究样本外绩效表现时，投资组合的选取是滚动的，具体而言，首先用前三年的基金数据，FDR^+ 的目标水平 z^+ 仍选取10%、30%、50%、70%、90%，选择最接近目标水平 z^+ 的显著性水平 γ，来划分顺周期波动择时能力、逆周期波动择时能力和无波动择时能力的基金并构建投资组合，并持有该投资组合半年，然后调整投资组合，投资组合中基金的选取方式与之前的相同，第一个投资组合于2012年7月构建，最后一个投资组合在2019年1月构建，一共形成14个投资组合。

表6-19反映了FDR10%、FDR30%、FDR50%、FDR70%、FDR90%这五个投资组合在14个投资组合构建期的实际目标水平 $FDR^+_{\gamma(z^+)}$ 和有顺周期波动择时能力的基金占比 $S^+_{\gamma(z^+)}$ 的频数分布以及平均值情况，可以看到实际FDR值随着FDR设定的目标水平逐步上升，但实际FDR值与对应的目标水平并不总是完全匹配，例如FDR设定的目标水平为50%时，实际FDR的均值为0.327，而FDR设定的目标水平为90%时，实际FDR的均值为0.554，这与Barras等（2010）以及Kim和In（2012）的结论类似。随着FDR设定的目标水平的上升，有顺周期波动择时能力的基金占比也相应提升，表明投资组合的选取标准更趋向于宽松，例如FDR设定的目标水平从30%提升至50%时，顺周期波动择时能力的基金占比 $S^+_{\gamma(z^+)}$ 的均值从0.064提升至0.148。

表6-19　**等权重顺周期、逆周期和无波动择时能力的投资组合统计特征**

目标	$FDR^+_{\gamma(z^+)}$						$S^+_{\gamma(z^+)}$					
$\gamma(z^+)$	均值	0~10%	10%~30%	30%~50%	50%~70%	>70%	均值	0~10%	10%~20%	20%~30%	30%~40%	>40%
FDR10%	0.218	5	3	6	0	0	0.039	12	2	0	0	0.039
FDR30%	0.230	4	4	6	0	0	0.064	11	3	0	0	0.064
FDR50%	0.327	0	5	9	0	0	0.148	7	1	4	2	0.148
FDR70%	0.477	0	2	5	7	0	0.182	7	1	1	5	0.182
FDR90%	0.554	0	2	3	5	4	0.210	6	1	0	7	0.210

表6-20反映了不同FDR设定的目标水平划分的等权重顺周期、逆周期和无波动择时能力的投资组合的样本外绩效表现，以夏普比率和超额收益率来分别衡量，我们可以发现逆周期波动择时能力组合的绩效表现超额收益率是最低的（除FDR设定的目标值为90%时，逆周期波动择时能力组合的超额收益率为1.184%，高于顺周期与无波动择时能力组合的超额收益率0.960%与1.032%外），夏普比率整体上也处于低位；顺周期波动择时能力和无波动择时能力的基金组合的绩效表现较为接近，表明逆周期波动择时能力的基金在的确降低风险的同时，所对应的收益率也有所下降，这与同期波动择时能力及绩效表现相一致。从p值情况分析，我们可以发现，除去FDR设定的目标值为90%时，p值相对较低，并且比表6-18中的p值更小，说明逆周期波动择时能力的基金样本外的与其他两个投资组合绩效表现差异相比于样本内更显著。

表6-20　等权重顺周期、逆周期和无波动择时能力的投资组合样本外绩效表现

	夏普比率					超额收益率				
目标 $\gamma(z^+)$	FDR10%	FDR30%	FDR50%	FDR70%	FDR90%	FDR10%	FDR30%	FDR50%	FDR70%	FDR90%
逆周期波动择时组合	2.629%	2.625%	3.111%	3.313%	4.288%	0.723%	0.711%	0.798%	0.864%	1.184%
顺周期波动择时组合	4.079%	2.215%	4.682%	4.692%	3.625%	1.020%	0.825%	1.123%	1.136%	0.960%
无波动择时能力组合	4.569%	4.546%	4.637%	4.603%	4.563%	1.033%	1.025%	1.042%	1.037%	1.032%
逆周期-无能力	-1.940% (0.180)	-1.921% (0.164)	-1.526% (0.213)	-1.290% (0.299)	-0.275% (0.413)	-0.310% (0.185)	-0.314% (0.170)	-0.244% (0.217)	-0.173% (0.302)	0.152% (0.633)
逆周期-顺周期能力	-1.450% (0.201)	0.410% (0.573)	-1.571% (0.156)	-1.379% (0.223)	0.663% (0.621)	-0.297% (0.202)	-0.114% (0.378)	-0.325% (0.160)	-0.272% (0.225)	0.224% (0.734)

注：表中数据表示不同FDR目标值下顺周期、逆周期和无波动择时能力的投资组合的夏普比率和超额收益率，括号内数据表示参照Kim和In（2012），用Bootstrap方法构建投资组合间的对应p值。

从横向来看不同FDR设定的目标水平下投资组合的表现情况，可以发现，逆周期波动择时组合随着FDR设定的目标水平的降低，其超额收益率也随之降低，例如FDR设定的目标水平从50%降低至30%时，逆周期波动择时组合的超额收益率从0.798%降低到0.711%，表明了选择标准越严苛，其投资组合中真正有逆周期波动择时能力的基金占比越高，其绩效表现越发体现出有逆周期波动择时能力的基金的相关特征，绩效表现越差。相较而言，无波动择时能力的基金投资组合的超额收益率以及夏普比率相对平稳，与FDR设定的目标水平变化不大，顺周期波动择时能力的基金投资组合的绩效表现则没有明显的趋势表现。

6.4 本篇小结

本篇从对基金的波动择时能力的研究出发，考虑到与基金的绩效衡量时存在误判的情况一样，对基金是否有波动择时能力时，也存在将没有波动择时能力的基金误判为有波动择时能力的基金这一情况，为此，引入FDR（False discovery rate）这一方法，分析经FDR调整后基金是否仍有顺周期波动择时能力、逆周期波动择时能力；其后对基金按照投资风格、规模和是否行业重仓进行划分，研究不同类型的基金的波动择时能力的差异；最后对基金的波动择时能力与绩效表现的关系进行研究，采用样本内和样本外检验波动择时能力与当期绩效表现以及后续绩效表现的关系。本篇选取偏股混合型基金228只，并选用2009年7月到2019年6月这十年的基金波动率、绩效表现等数据，用单因子、三因子、四因子及五因子波动择时模型进行分析，得到以下结论：

第一，整体而言，经FDR调整后基金仍有顺周期波动择时能力和逆周期波动择时能力，三个模型下逆周期波动择时能力基金比顺周期波动择时能力基金占比高，在单因子、三因子、四因子及五因子波动择时模型中，有顺周期波动择时能力的基金占比分别达到25.1%、20.9%、18.9%和20.2%；有逆周期波动择时能力的基金占比分别为28.6%、24.8%、19.7%和23.3%。

第二，对经FDR调整后不同类型的基金波动择时能力情况分组研究，发现按照投资风格划分，成长型基金相比平衡型和价值型基金更具有顺周期和逆周期波动择时能力；按照规模进行划分，规模较小的基金逆周期波动择时能力表现最好，顺周期波动择时能力表现最差；按照是否行业重仓进行划分，重仓行业投资基金顺周期波动择时能力表现较好。

第三，有逆周期波动择时能力的基金相比于顺周期波动择时能力的基金以及无波动择时能力的基金绩效不论是当期还是后续都表现更差，顺周期波动择时能力的基金绩效在当期表现比无波动择时能力的基金要好，后续的绩效表现没有显著的差异。

本篇的研究对投资者投资有一定启示意义。由于有逆周期波动择时能力的基金绩效表现较差，故投资者在对风险充分认识的基础上，可以选择有顺周期波动择时能力的基金。就基金类型而言，重仓行业投资基金比非重仓行业投资基金的顺周期波动择时能力强，并且重仓行业投资基金深耕于细分行业，对行业的整体把握更准确，对该行业内的投资标的的比对更细致，故投资者可以重点关注这些重仓行业投资基金；成长型基金的顺周期波动择时能力和逆周期波动择时能力均较为显著，说明不同成长型基金的基金经理投资风格不同，特别在对市场波动的判断及调整上，这需要投资者在选择成长型基金时综合考虑其他因素，如基金经理的选股能力以及市场择时、规模择时等择时能力。此外，本篇对波动择时能力进行分析时，经FDR调整后，将是否有逆周期、顺周期波动择时能力的基金进行重分类，并在不同显著性水平下有不同的FDR值，投资者可以选定FDR目标值，构建相对应具有逆周期、顺周期波动择时能力的基金投资组合，研究其绩效表现，并作为投资决策的参考依据。

下篇　基金经理能力来源——社会网络

本书的上篇和中篇分别聚焦于基金经理的选股能力和择时能力，主要关注能力的识别和优化。除了能力的识别以外，能力的来源也是另一个重要的研究领域。若基金经理的能力受一些外因影响，我们也能通过识别这些因素间接了解基金经理的能力。本篇将尝试从社会网络的角度切入，研究其对基金经理的择时能力的影响。

第7章　社会网络以及择时能力的理论框架

7.1　研究背景

1970年，Eugene Fama提出了有效市场假说，在金融学术界引起了广泛的讨论与研究。有效市场假说的支持者认为，证券市场能及时吸收所有的信息，这些信息已反映在证券价格中，投资者无法通过自己的能力获取超额收益，唯有运气好的投资者才能赚得更多。有效市场假说的质疑者认为，目前全球各地的金融市场，其吸收信息的能力仍存在滞后，运行效率还有提高的空间，违背有效市场假说的现象时有发生，投资者能够运用某些内幕信息在证券投资中获得超额收益。几十年来，许多学者对有效市场假说进行了实证检验，大部分研究结果认为，目前尚未有任何一个金融市场达到强势有效。有效市场假说的一个重要意义是将信息这一概念引入到证券市场定价中。

在此背景之下，研究基金经理的专业能力是极具现实意义的。基金经理是证券市场中非常重要的参与者，他们往往拥有高学历和丰富的金融知识，管理着大量资金，试图通过投资策略与构建投资组合在证券市场中赚取超额收益。在国内外关于基金经理能力的研究中，择时能力和选股能力被视为评价基金经理能力的两大标准。这两种能力并不是基金经理与生俱来的，通常来说，拥有优秀择时能力和选股能力的基金经理不仅拥有专业扎实的证券投资知识与经验，而且具备高效的信息获取、分析、转化能力，他们可以在低效的证券市场中更快速地进行投资，及时把握获取超额收益的机会。

在实际中，基金经理获取信息的途径往往并没有我们想象的那么复杂。对于中国的基金经理来说，微信、微博等社交媒体以及面对面的交流成为获取信息的重要途径，拥有更广泛社交圈子的基金经理会比其他经理更快速、高效地获得更多信息。基于这种实际现象，基金经理的社会网络或许会显著影响基金经理的择时能力和选股能力。近年来，社会网络分析（Social Network Analysis）在西方社会学界兴起，并广泛应用于公共管理、社会学、经济学、管理学等领域的研究。这种分析方法将人视作一个“节点”，通过人与人之间存在的社会关系将“节点”连接起来，逐步构建一张社会网络。其中，社会网络中心性（Social Network Centrality）是社会网络分析的重点之一，也是社会网络分析中主要的分析方法之一。利用社会网络中心性这一工具，并归纳整理目前国内外已有的基金经理能力研究，可以构建基金经理评价的新模型。

7.2 研究问题及方法

本篇专注于研究中国基金经理的社交关系是否能对其择时能力产生显著的影响。首先，本篇以Carhart（1997）的四因子模型为基础，通过已有研究成果构造市场收益择时能力、波动择时能力和流动性择时能力指标。其次，本篇构建了我国开放式基金经理的社会网络，通过社会网络的中心性衡量我国基金经理的社交规模、社交效率、社交圈地位和社交质量。最后，本篇将社会网络的中心性与择时能力指标进行回归，检验基金经理的社交关系与择时能力之间的关系。

综上，上述研究致力于找到以下问题的答案：在社会网络中，社交关系更广泛的基金经理是否拥有更强的择时能力？具体来说，更大的社交规模、更高的社交效率、更重要的社交圈地位、更有质量的社交关系能否为基金经理带来择时能力？他们是否能在股市出现泡沫时避开风险，又是否能在牛市来临前提前布局，获取超额收益？对该问题的研究有助于深入探究基金经理择时能力的影响因素，为投资者挑选更优秀的基金经理提供新视角。

本篇主要的研究方法是基于Cao et al.（2013b）、Yi et al.（2018）等使用的基金经理择时能力模型和Bavelas（1950）、Freeman（1979）等社会学者提出的社会网络中心性理论。首先，本篇以Carhart（1997）四因子模型为基础，通过Treynor and Mazuy（1966）的T-M模型、Busse（1999）的波动择时模型和Pastor and Stambaugh（2003）的流动性择时模型，构造出本篇样本基金经理的市场收益择时能力、波动择时能力和流动性择时能力指标。其次，本篇通过样本基金经理的教育背景、工作履历、社会活动等个人信息，构建出中国开放式基金经理的社会网络，并基于Freeman（1979）社会网络中心性理论，计算出各基金经理的4项社会网络中心性指标。这些社会网络中心性指标反映了基金经理社交关系的规模、效率、地位与质量。本篇运用基金经理社会网络中心性指标对择时能力指标进行回归，探求社会网络对基金经理择时能力的影响显著性，并通过基金经理的个人特征进行六组分组回归。本篇使用Henriksson and Merton（1981）的H-M模型、更强的社会关系以及更严格的校友关系进行稳健性检验。最后，本篇根据研究结果为社会网络中的基金经理构建社交指数，通过社交指数挑选出一批社会网络最强的基金经理，并将这批经理所管理的基金构建基金投资组合，探究该组合是否能够获取超额收益。

7.3 基金经理择时能力的细分

自20世纪60年代以来，基金经理是否具有择时能力成为金融学界广泛争论的话题。如果基金经理能够正确预测市场走势，那么持有这些基金的投资者应该会从他们的择时能力中受益。因此，许多研究者尝试使用不同的模型来检测择时能力的存在。Treynor and Mazuy（1966）专注于研究市场收益择时能力，提出了评估基金经理市场收益择时能力的T-M模型。Henriksson and Merton（1981）在T-M模型的基础上进一步完善理论，提出了H-M模型。但以Treynor and Mazuy为代表的一批学者都得出美国共同基金经理并不具备市场收益择时能力的结论。Busse（1999）认为市场收益通常难以预测，因此难以捕捉基金经理的市场收益择时能力。他提出基金经理能够运用波动择时能力，并能够赚取更高的风险调节回报。Pastor and Stambaugh（2003）认为基金经理有能力进行流动性择时，并提出了一套流动性择时能力指标的构建方法。以上指标是基金经理择时能力研究中最经典的指标。

许多学者对上述指标提出了补充与完善。Jiang et al.（2006）认为，传统的以"回报"为基础的择时能力测量方法存在偏误，导致部分学者无法检测到显著的择时能力，通过以"持有量"为基础的测量方法可以有效改善这一问题。Bodson et al.（2013）提出了一种研究择时能力的新规范，他们允许共同基金的市场因子β在缺乏市场收益择时能力的情况下随机游走。Cao et al.（2013）专注于流动性择时的研究，他们认为表现出流动性择时的基金往往有较长的历史、较高的费用比率和较高的周转率。Ferson and Mo（2016）开发了一种基于"持有量"的基金绩效评估方法，利用随机折现因子对风险进行调整以研究市场收益择时能力、波动择时能力和选股能力。Siegmann and Stefanova（2017）使用最优变点方法检验了对冲基金的流动性择时能力。

近年来，随着中国经济的发展，中国金融市场日趋成熟，许多学者将目光转向研究中国基金经理是否具备择时能力。自2005年4月中国股权分置改革以来，中国证券市场变得更加规范、有秩序、高效，逐渐成熟的证券市场使得投资者需要更专业的知识与投资能力来实现盈利。同时，中国的金融专业教育也在飞速发展，大批专业的金融人才不断涌向证券市场，提升了中国金融产业人才的专业化程度。但不可忽视的是，相比于国外更加成熟的证券市场，中国证券市场还具有如下特征：首先，中国证券市场以散户为主导。散户为主导的证券市场容易受到散户投资者的情绪驱动，这种投资情绪对未来的市场走势有重要影响，但这种投资情绪往往能被专业的基金经理捕捉并利用。Wang（2003）认为投资者情绪指标是一个优秀的市场收益择时指标，且大的投资机构能更好地预测市场。Baker and Stein（2004）发现市场流动性是一个良好的情绪指标，散户投资者往往对各项交易活动的反应不足，而专业投资者能更好地把握住流动性的择时时机。这些散户大多缺乏专业的金融知识，以投机交易为主，往往能做出许多非理性行为。Feng and Seasholes（2005）、Chen et al.（2007）和Yao et al.（2008）等学者认为，中国的散户投资者存在着明显的配置效应、过度自信、羊群效应等非理性行为，但对于专业投资者来说，这些非理性行为的表现并不显著。其次，中国证券市场受政府活动的影响较大，这些政府活动主要通过影响散户投资者来影响证券市场。常见的政府活动主要有以下两点：一是下调准备金率以影响融资成本，继而影响股市交易的资金数量；二是直接向股市注资，尤其是当市场十分不景气时，“国家队”的救市与接盘成为具有中国特色的表现。相比于美国，这些宏观政策通常更加容易追踪，便于基金经理进行择时。最后，中国证券市场表现出波动性大、波动频繁、流动性高的特点，存在着一定的投资风险。2007年和2015年，中国证券市场出现了两次“股灾”，指数在短时间内大幅度下跌，投资者损失惨重。这一特点反映出中国证券市场仍存在着不成熟的情况。

在中国证券市场中，中国基金经理是否可以发挥择时能力获取超额回报呢？陈浪南等（2014）通过引入信息变量和基金经理的市场预期来反映基金经理对基金系统风险的调整，发现中国基金经理具有市场收益择时的能力，且一些股票型基金在债券市场上表现出择时能力，一些债券型基金在股票市场上表现出择时能力，一些混合型基金在两个市场上均表现出择时能力。傅安里等（2005）在Busse波动择时模型的基础上引入了市场择时因子，通过改进的模型发现中国证券投资基金具有显著的波动择时能力。李仲飞等（2015）基于Carhart四因子模型，使用Amihud的非流动性指标作为流动性的代理变量，发现中国主动管理开放式股票型基金具有流动性择时能力。Liao et al.（2017）使用Carhart四因子模型计算中国主动型基金的择时能力系数，并使用Bootstrap方法发现中国基金经理在2001—2011年拥有市场收益择时、波动择时和流动性择时能力。Yi et al.（2018）认为，中国共同基金经理可以对波动性行情和流动性行情进行择时，且平衡基金具有显著的波动择时特征，而成长型基金具有显著的流动性择时特征。高金窑和王庆瑜（2019）提出了相反的观点，他们基于Carhart四因子模型，研究发现中国的证券投资基金不具有择时能力，但在组合层面上表现出显著的流动性风格转换能力。

在探讨基金经理择时能力成因的问题上，目前学术界主要通过三种视角进行研究。一是证券市场变量对择时能力的影响，如短期利率、债券期限升水、债券评级升水、市账比等指标。Jiang et al.（2006）使用短期利率、期限溢价、信贷溢价、总股息收益率等指标，发现基金经理会通过部分公开可得的宏观信息调整基金组合的市场风险，达到择时目的。二是基金特征变量对择时能力的影响。Yi et al.（2018）、Cao et al.（2013）等学者均发现基金净资产、基金换手率、基金家族规模、基金成立年限等与基金经理的择时能力存在相关关系。三是基金经理个人特征对择时能力的影响，如学历、年龄、职称、职业资质等因素。综上所述，目前国内外关于基金经理是否存在择时能力的研究已非常丰富，而对基金经理择时能力影响因素的研究还没有涉及社交关系层面。本篇在已有研究的基础上，试图通过社会网络中心性研究中国基金经理择时能力产生的原因。

7.4 社会网络分析法与社会网络中心性

社会网络分析法是一种系统、规范、科学的社会学研究方法。1954年，人类学家Barnes首次使用社会网络方法分析某村落的社会结构。该方法通过分析“节点”之间的关系总结出“节点”的社会关系信息，并剖析出“节点”所在社会的结构性特征，具有简单明了、可操作性强与稳健性良好的特点。Jackson（2010）认为，节点与其他节点形成关系链接，节点和链接进一步形成网络，这是社会网络构建的基本逻辑。自20世纪60年代以来，社会网络分析法在西方社会学界兴起，并成为社会学研究的主要方法。社会网络分析法可以对复杂的社会关系进行解构、量化和分析，从微观的视角对宏观事物进行研究，因而该方法适用于某些理论模型的构建以及实证命题的检验，为众多学科提供了一种新的研究视角和分析工具。

近年来，社会网络分析法逐渐应用于经济学、管理学、心理学、教育学等各项非社会学领域。在金融领域，社会网络分析法常被用于证券市场投资分析中。Hong et al.（2004）使用健康和退休研究数据库（HRS）建立社会网络模型，发现社会关系互动可以显著影响股票市场参与。社交属性强的人群会比不善于社交的人群更有可能投资于股票市场，且投资者会发现股票市场随着更多新投资者的加入而变得更有吸引力。Massa and Simonov（2005）使用共同文化印记、长期友谊和大学校友关系构建社会网络，发现上述社会关系均对投资者的股票选择、直接投资与委托投资的选择产生显著影响，其中大学校友关系是最重要的影响因素。Kuhnen（2009）认为业务联系可以改善代理冲突，但也会造成雇佣关系的低效。他使用业务联系建立社会网络，发现共同基金经理和咨询公司之间会根据过去业务联系的强度优先聘用对方。Cohen et al.（2008）基于共同基金经理与公司董事的教育背景构建社会网络，发现当基金经理与公司董事存在校友关系时，基金经理会对存在校友关系董事的公司配置更多资产，押下更大的赌注。社会网络分析法在研究企业融资方面也发挥着重要作用。Engelberg et al.（2012）基于同学关系和同事关系对企业和银行的管理层人士构建了一个社会网络，发现当企业和银行管理层之间存在人际关系时，企业的融资利率会显著下降，且企业信用评级也会发生同步变动。这些企业的未来业绩会随着与存在人际关系的银行开展业务而不断改善。社会网络分析法也常被用于研究企业并购。Chikh and Filbien（2011）将社会网络运用在研究并购的成功率上，他们构建了法国CEO之间的社会网络，基于2000—2005年的法国并购公告发现人脉广泛的CEO更有可能完成并购交易。

社会网络中心性是社会网络分析的重点之一。在社会学中，一个人与他人存在关系，可以影响他人，这说明这个人具有社会关系上的“权力”。社会网络中心性是对这种“权力”的量化，即个人或组织在某一社会网络中具有何种地位、如何能影响整个网络（Padgett and Ansell,

1993)。Sabidussi（1966）、Freemen（1979）等学者完整地提出了社会网络中心性的理论，并总结了四种经典的中心性指标——点度中心度（Degree Centrality）、接近中心度（Closeness Centrality）、中介中心度（Betweenness Centrality）和特征向量中心度（Eigenvector Centrality）。许多学者对社会网络中心性理论作出了完善与补充。Mizruchi and Potts（1998）认为，在非零和社会网络中，中心性地位对节点的权力产生积极的影响，但在零和社会网络中，部分节点可以直接利用其他节点的能力来获得与中心性地位无关的权力。为此，他们对一个关于政治议题群体投票的社会网络进行研究，发现中心性和权力之间的联系在很大程度上取决于网络的结构。Scott（2000）明确了社会网络总体整合度的概念“中心势”。Hanneman and Riddle（2001）认为社会网络中的“权力”存在两种维度。首先是信息搜集的效率方面，社会网络强大的个人可以凭借其直接或间接的社会关系更高效地联系其他个人，因而更容易、更及时地获得所需要的信息。其次是信息搜集量方面，社会网络强大的个人可能在谈判中具有优势，因为他凭借在网络中的位置能迅速搜集更大量的信息，为谈判减少许多限制。

随着理论基础的不断完善与成熟，社会网络中心性指标逐渐成为社会网络分析中重要的考察指标，并广泛应用于金融领域的研究。Larcker et al.（2013）构建了美国各上市公司的董事会网络，发现董事会中心性更高的公司可以获得更高的股票超额回报和未来的资产回报，且股票分析师在对该公司进行股价预测的误差会更大，这是因为高社会网络中心性的公司董事会可以通过社会网络交换有效信息和资源。这种由董事会提供的经济利益不会立即反映在股价上。El-Khatib et al.（2015）构建了1938—2010年美国上市公司CEO的动态社会网络，并通过社会网络中心性研究了CEO的社会网络中心性与并购绩效的关系，发现高社会网络中心度的CEO发起的并购交易会更加频繁，且会对收购方和并购实体带来更大的价值损失。如今，社会网络分析法已经走出了社会学领域，成为了适用于多门学科和领域的科学研究方法。社会网络中心性作为其中的重要工具之一，在研究上市公司CEO、上市公司董事会、基金经理等方面发挥着巨大的作用。本篇旨在通过社会网络中心性探究基金经理的社交关系与择时能力之间的关系。

7.5 本篇创新点

本篇的创新点主要有两个：

第一，目前学术界对基金经理择时能力影响因素的研究主要通过证券市场变量、基金特征变量和基金经理个人特征三种视角进行研究，还没有涉及人际与社交层面。本篇将社会学方法引入基金经理评价模型中，从社交关系的视角研究基金经理的择时能力，丰富了基金经理评价领域研究的成果。

第二，本篇提出了基金经理社交指数的构建方法，形成了一套基于社交指数的基金投资组合挑选策略。

第8章　社会网络模型及研究方法

8.1　社会网络如何影响择时能力？

有效市场假说奠定了“信息”在投资决策中的地位。基金经理是证券市场中重要的投资者，他们通常会考虑宏观经济基本面、各行业板块变动等宏观信息，也会关注各种投资标的的价格、交易量、交易频率等微观信息。此外，有能力的基金经理试图挖掘内幕信息进行投资。基金经理利用收集的信息进行投资决策，调整所管理基金的持仓，追逐超额收益。在基金业绩评价理论中，择时能力与选股能力是评价基金经理的两大标准。本篇专注于研究基金经理的择时能力。

信息的价值需要传播来实现。随着科技进步与社会发展，信息的传播变得越来越快速、安全、完整，这有利于投资活动的开展。信息传播的途径多种多样。在金融行业中，基金经理可以通过收看财经新闻、浏览金融终端软件等获得信息，也可以进行尽职调查以获得投资标的的信息。但不可忽视的是，基金经理的人际关系也是获得信息的重要途径。

基金经理通常在电话会议、办公应酬、私人聚会等活动中进行人际交流，并进行信息分享。随着互联网行业的发展，QQ、微信、微博等社交媒体逐渐成为了中国社会必不可少的社交工具，如今的基金经理可以通过微信群聊、微信朋友圈、微博热搜等方式接收与分享大量信息。总的来说，基金经理通过人际社交而获得的信息日趋丰富，这会深刻影响其投资决策。

基金经理所相识的其他基金经理数量决定了通过社交获得信息的质量。相识的其他基金经理数量越多，该基金经理就拥有更多的信息传播路径，从而在社会网络中凸显影响力。这批社会网络较强的基金经理可通过社交关系获得更多信息，从而利用这些信息进行择时决策与操作，自身的择时能力不断提高。基于上述理论逻辑，本篇选择社会网络中心性指标量化基金经理的社交情况。具体来说，社会网络中心性指标主要分为点度中心度、接近中心度、中介中心度和特征向量中心度，这4种中心度分别对应投资者的社交规模、社交效率、社交圈地位和社交质量。本篇假设，基金经理的社交关系可以显著影响其择时能力。

8.2 研究设计与假设

8.2.1 择时能力模型

本节使用Carhart（1997）四因子模型研究中国基金经理的择时能力：

$$r_{p,t} = \alpha_p + \beta_{p,t-1} MKT_t + \beta_{p,2} SMB_t + \beta_{p,3} HML_t + \beta_{p,4} MOM_t + \varepsilon_{p,t} \tag{8-1}$$

其中：$r_{p,t}$是基金p的月度收益率减去月度无风险回报率，无风险回报率用中国一年期存款月利率衡量；MKT_t是市场因子，衡量的是基于全部A股流通市值加权的市场月回报率减去月度无风险报酬率；SMB_t是规模因子，衡量的是小市值股票组合和大市值股票组合的收益率之差；HML_t是账面市值比因子，衡量的是高账面市值比股票组合和低账面市值比股票组合的收益率之差；MOM_t是动量因子，衡量的是高收益股票组合和低收益股票组合的收益率之差。

在公式（8-1）中，为计算择时能力，本篇将基金p的市场因子β视作可随时间改变，并记为$\beta_{p,t-1}$。一般来说，基金p的经理在t-1月会对t月的市场条件（如市场收益、市场波动性和市场流动性）进行预测，并根据预测结果对基金p进行管理操作，形成t-1月的市场β。根据Ferson and Schadt（1996）的研究结果，我们可以基于市场β与市场条件预测结果的线性函数计量基金经理的择时能力：

$$\beta_{p,t-1}=\beta_{p,1}+\gamma_p \mathrm{E}(\mathrm{marketcondition}_t|I_{t-1}) \tag{8-2}$$

其中：I_{t-1}是基金经理在t-1月的可获得信息；$\beta_{p,1}$衡量了基金p的平均市场β，而市场条件预测结果的系数γ_p反映了基金经理的择时能力。

通过将公式（8-2）代入公式（8-1）中，我们可以构建出市场收益择时、波动择时和流动性择时能力指标。

（1）市场收益择时

本篇运用Treynor-Mazuy（1966）择时模型衡量中国基金经理的市场收益择时能力。在T-M模型中，基金p的市场风险敞口与市场收益线性相关，市场收益择时指标MKT_t^2为全部A股流通市值加权的市场月回报率减去月度无风险报酬率的差值的平方。系数γ_p衡量了基金经理的市场收益择时能力。系数γ_p显著为正说明了基金经理在市场上涨或下跌之前成功调整了基金p的风险敞口。

$$r_{p,t}=\alpha_p+\beta_{p,1}MKT_t+\gamma_p MKT_t^2+\beta_{p,2}SMB_t+\beta_{p,3}HML_t+\beta_{p,4}MOM_t+\varepsilon_{p,t} \tag{8-3}$$

（2）波动择时

本篇运用以下模型测量波动择时。在模型中，基金p的市场风险敞口与去均值化市场波动性线性相关。

$$r_{p,t}=\alpha_p+\beta_{p,1}MKT_t+\delta_p MKT_t(V_{m,t}-\overline{V}_m)+\beta_{p,2}SMB_t+\beta_{p,3}HML_t+\beta_{p,4}MOM_t+\varepsilon_{p,t} \tag{8-4}$$

其中：波动性指标V_m是A股市场日超额收益的月度标准差；系数δ_p衡量了基金经理的波动择时能力。系数δ_p显著为正说明基金经理在市场波动性增加或减少之前成功调整了基金p的风险敞口。

（3）流动性择时

本篇运用以下模型测量流动性择时。在模型中，基金p的市场风险敞口与去均值化市场流动性线性相关。

$$r_{p,t} = \alpha_p + \beta_{p,1} MKT_t + \lambda_p MKT_t (L_{m,t} - \overline{L}_m) + \beta_{p,2} SMB_t + \beta_{p,3} HML_t + \beta_{p,4} MOM_t + \varepsilon_{p,t} \tag{8-5}$$

其中；L_m是流动性指标；系数λ_p衡量了基金经理的流动性择时能力。系数λ_p显著为正说明基金经理在市场流动性增加或减少之前成功调整了基金p的风险敞口。

本篇运用Pastor-Stambaugh（2003）流动性指标衡量基金经理的流动性择时能力。流动性指标L_m的测量方法如下：

$$r^e_{i,d+1,t} = \theta_{i,t} + \varnothing_{i,t} r_{i,d,t} + L_{i,t} Sign\left(r^e_{i,d,t}\right) v_{i,d,t} + \varepsilon_{i,d+1,t}, d = 1, \cdots, D_{i,t} \tag{8-6}$$

$$L_{m,t} = \left(\frac{m_{t-1}}{m_1}\right)\left(\sum_{i=1}^{N_t} L_{i,t}\right)/N_t \tag{8-7}$$

其中：$r_{i,d,t}$是股票i在t月d日的日收益；$r^e_{i,d,t}$是股票i在t月d日的日超额收益；$v_{i,d,t}$是股票i在t月d日的日成交量，单位是亿元；$D_{i,t}$是股票i在t月的交易日天数；N_t是t月标的股票数量；m_{t-1}是t-1月末标的股票总市值，m_1是基期标的股票总市值。

（4）联合择时模型

本篇参考Cao et al.（2013b）提出的联合择时模型来同时检验基金经理的市场收益择时能力、波动择时能力和流动性择时能力。该模型考虑了不同择时指标之间的相关性，更能准确地分离出每个择时指标。在联合择时模型中，基金p的市场风险敞口可以表示为市场超额收益、去均值化市场波动性和去均值化市场流动性的线性函数。

$$r_{p,t} = \alpha_p + \beta_{p,1} MKT_t + \beta_{p,2} SMB_t + \beta_{p,3} HML_t + \beta_{p,4} MOM_t + \gamma_p MKT_t^2 + \delta_p MKT_t (V_{m,t} - \overline{V}_m) + \lambda_p MKT_t (L_{m,t} - \overline{L}_m) + \varepsilon_{p,t} \tag{8-8}$$

其中：系数γ_p、δ_p和λ_p分别衡量基金经理的市场收益择时能力、波动择时能力和流动性择时能力。

8.2.2 社会网络中心性

社会网络中心性是社会网络分析中常用的一个概念。一个社会网络由若干节点和节点之间的连接组成，社会网络中心性基于网络中的连接，量化了各节点在社会网络中的中心程度，反映了节点在网络中的影响力。根据测定中心度方法的不同，社会网络中心性指标可分为点度中心度、接近中心度、中介中心度和特征向量中心度四类。附录中展示了一种简易的社会关系情况，便于读者理解社会网络中心性指标的含义与计算过程。

（1）点度中心度

点度中心度衡量一个节点与其他节点直接连接的个数总和。该指标是中心性分析中最基础的指标，衡量了节点的社交规模。如果某节点具有最高的点度中心度，则该节点在社会网络中与其他点产生的直接社交关系最多，在网络中处于中心地位的可能性较高，并具备最强的能力影响社会网络。点度中心度衡量的是与节点直接连接的点数，不考虑间接相连的节点，因此，点度中心度指标是一个局部的指标，不能反映间接的社会关系。记社会网络矩阵为A，则有：

$$D_i = \sum_{i \neq j \in N} a_{ij} \tag{8-9}$$

其中：a_{ij}表示节点i和j的关系。当a_{ij}等于1时，节点i和节点j存在1条直接的社会连接；当a_{ij}等于0时，节点i和节点j不存在直接的社会连接。

（2）接近中心度

接近中心度衡量一个节点与其他所有节点的最短距离之和。一个节点越能快速地与其他所有节点产生联系，则该节点的信息传递效率越高、成本越低、信息精准度越高，反映了节点在网络中的中心地位。该指标考虑了节点与其他所有节点的最短连接路径，因此是一个全面的指标，体现的是社交效率。Bavelas（1950）定义接近中心度为一个节点到所有其他节点的最短距离之和的倒数。Freeman（1979）认为，Bavelas接近中心度指标的分母即可反映节点的社交效率，即Freeman定义的接近中心度为一个节点到所有其他节点的最短距离之和。目前UCINET软件报告的是Freeman定义的接近中心度。

$$C_i = \sum_{i \neq j \in N} d_{ij} \tag{8-10}$$

其中：d_{ij}衡量节点i和节点j之间最短的距离。如节点i需要经过k联系j，也可以先后经点g和点h联系j，则i和j的最短距离为2，即经过k的路径。该指标越小，说明节点与其他所有点的近邻程度越高，因此接近中心度是一个负向的指标。

（3）中介中心度

中介中心度衡量一个节点处于另外两个节点最短路径上的概率之和。在现实生活中，一条信息在若干人间先后传播时，最终信息内容可能由于中间人传递信息不准确而与初始信息内容产生差异。Freeman（1979）认为，当一个节点处于许多关系路径上时，该节点可以把持更多的信息传播通道，并在传递信息时做到控制或曲解信息，从而影响整个网络群体。中介中心度基于对信息传递的影响力来衡量节点的网络中心程度，体现了社交圈地位。

$$B_i = \sum_{j<k \neq i \in N} \frac{g_{jk(i)}}{g_{jk}} \tag{8-11}$$

其中：g_{jk}表示节点j和k之间存在的最短路径数目；$g_{jk(i)}$表示节点j和k之间经过第三个节点i的最短路径数目；$\frac{g_{jk(i)}}{g_{jk}}$表示节点i处于点j和k之间最短路径上的概率。把节点i处在所有其他节点最短路径上的概率相加，可求得节点i的中介中心度。

（4）特征向量中心度

特征向量中心度根据相邻点的重要性之和来衡量该点的价值，体现为社交质量。该指标基于这样一个概念：一个节点连接到得分高的节点比连接到得分低的节点对节点得分的贡献更大。在现实中，一种常见的情况是：一个节点或许没有与其他节点产生大量关系，但该节点与网络中最重要的几个点相连接，导致了该节点在网络中具有很大的影响力，其传播的信息在网络中分量十足，其收集的信息往往是最关键的信息。例如在学校中，教导主任并没有与学生和家长直接产生联系，但其话语会通过各班级的班主任传递到每一位学生和家长的耳中。

特征向量中心度的具体求解如下。设一个社会网络矩阵A，根据公式λE=AE，我们可以求出矩阵A的特征向量E和特征值λ。特征向量中心度用E_i表示，其含义是矩阵A中每一个主特征值λ^*对应的主特征向量的第i个元素。

$$E_i=\frac{1}{\lambda^*}\sum_{i\neq j\in N}a_{ij}E_j \tag{8-12}$$

其中：a_{ij}表示节点i和j的关系；λ^*表示社会网络矩阵A的主特征值。记$E=[E_1, E_2, E_3, \cdots, E_n]^T$，公式（8-12）经多次迭代达到稳态时，可以得到公式$\lambda E=AE$。

8.2.3 模型构建

本篇通过以下模型分析社会网络中心性对择时能力的影响程度：

$$\gamma_p=\alpha+\beta_{1,p}Centrality_p+\beta_{2,p}TNA\_log_p+\beta_{3,p}Famsize\_log_p+\beta_{4,p}Age_p+\beta_{5,p}Turnover_p+\beta_{6,p}Expense_p+\varepsilon \tag{8-13}$$

$$\delta_p=\mu+\theta_{1,p}Centrality_p+\theta_{2,p}TNA\_log_p+\theta_{3,p}Famsize\_log_p+\theta_{4,p}Age_p+\theta_{5,p}Turnover_p+\theta_{6,p}Expense_p+\varepsilon \tag{8-14}$$

$$\lambda_p=\upsilon+\phi_{1,p}Centrality_p+\phi_{2,p}TNA\_log_p+\phi_{3,p}Famsize\_log_p+\phi_{4,p}Age_p+\phi_{5,p}Turnover_p+\phi_{6,p}Expense_p+\varepsilon \tag{8-15}$$

其中：γ_p、δ_p和λ_p分别衡量了基金经理的市场收益择时能力（Mar_t）、波动择时能力（Vol_t）和流动性择时能力（Liq_t）；$Centrality_p$衡量社会网络中心度，即点度中心度（Degree）、接近中心度（Closeness）、中介中心度（Betweeness）和特征向量中心度（Eigenvector）。

通过将上述4项社会网络中心性指标与3项基金经理择时能力指标分别进行回归，可以得到12个回归结果，根据$\beta_{1,p}$、$\theta_{1,p}$、$\phi_{1,p}$的显著性判断社会网络中心性对择时能力的影响程度。

在探讨基金经理择时能力成因的问题上，目前学术界主要通过证券市场变量、基金特征变量和基金经理个人特征三种视角进行研究。为了控制其他择时能力影响因素对本篇研究的干扰，本篇参考Yi et al.（2018）的研究，采用6项基金特征作为控制变量（见表8-1）。基金规模（TNA）是基金所管理的资产净值，单位为10亿元，取对数。基金家族规模（Famsize）是基金所在公司所管理的全部基金规模之和，单位为100亿元，取对数。基金年龄（Age）是基金成立至今的年限。基金资金流量增长率（Flow）根据以下方法计算：

$$Flow = \left[TNA_{i,t} - TNA_{i,t-1} \times \left(1 + R_{i,t}\right)\right] / TNA_{i,t-1} \tag{8-16}$$

其中：TNA_t和$TNA_{i,\ t-1}$是基金i在t年和t-1年所管理的资产净值；$R_{i,\ t}$是基金i在t年的净收益。

基金换手率（Turnover）是基金i在报告期买入股票成本总额与卖出股票收益总额的孰低值，除以报告期基金i平均资产净值的商。基金费用比率（Expense）是基金V在t年全年的管理费与t年末基金资产净值的比率。

表8-1　　**变量定义表**

变量类型	变量名称	变量缩写	变量定义
因变量	市场收益择时指标	Mar_t	联合择时模型中衡量市场收益择时能力的系数γ_p
	波动择时指标	Vol_t	联合择时模型中衡量波动择时能力的系数δ_p
	流动性择时指标	Liq_t	联合择时模型中衡量流动性择时能力的系数λ_p
自变量	点度中心度	Degree	点度中心度衡量一个节点与其他节点直接连接的个数总和，体现了社交规模 $D_i = \sum_{i \neq j \in N} a_{ij}$ 当a_{ij}等于1时，节点i和节点j存在社会连接
	接近中心度	Closeness	接近中心度衡量一个节点与其他所有节点的近邻程度，体现了社交效率 $C_i=\sum_{i \neq j \in N} d_{ij}$ d_{ij}衡量节点i和节点j之间最短的距离

续表

变量类型	变量名称	变量缩写	变量定义
自变量	中介中心度	Betweeness	中介中心度衡量衡量一个节点处于另外两个节点之间最短路径上的概率之和，体现了社交圈地位 $B_i = \sum_{j<k\neq i\epsilon N} \frac{g_{jk(i)}}{g_{jk}}$ 当g_{ij}等于1时，节点i和节点j存在中介线连接
	特征向量中心度	Eigenvector	特征向量中心度根据相邻点的重要性来衡量该点的价值，体现了社交质量。特征向量中心度用E_i表示，其含义是每一个主特征值λ^*对应的主特征向量的第i个元素
控制变量	基金规模	TNA_log	基金所管理的资产净值，单位为10亿元，取对数
	基金家族规模	Famsize_log	基金所在公司所管理的全部基金规模之和，单位为100亿元，取对数
	基金年龄	Age	基金成立至今的年限
	基金资金流量增长率	Flow	$\text{Flow} = \left[TNA_{i,t} - TNA_{i,t-1} \text{x} \left(1 + R_{i,t}\right)\right] / TNA_{i,t-1}$ TNA_t和$TNA_{i,t-1}$是基金i在t年和t-1年所管理的资产净值，$R_{i,t}$是基金i在t年的净收益
	基金换手率	Turnover	基金在报告期买入股票成本总额与卖出股票收益总额的孰低值，除以报告期基金平均资产净值
	基金费用比率	Expense	基金在t年全年的管理费与t年末基金资产净值的比率

8.2.4 研究假设

（1）基金经理的社交规模与择时能力

社交规模指某一名基金经理与其他基金经理存在的直接社交关系数量，衡量了与某一位基金经理直接相关的社会网络的规模。在社会网络中，社交规模以点度中心度衡量，即在某一个节点上，有多少条线与网络中其他节点直接相连。当某一名基金经理被许多经理所知晓，他通常可以从更多渠道获得丰富的有效信息，并使用这些丰富、多元的信息提高自身的择时能力。

假设一：拥有更大社交规模的基金经理具有更强的择时能力。

（2）基金经理的社交效率与择时能力

社交效率是指某一名基金经理与其他基金经理社交的方便性、及时性与完整性，例如经理A拥有经理B的手机号，但需要通过其他经理才能联系到经理C，那么经理A与经理B之间的交流会比与经理C的交流更方便，通过电话传达的信息也更直接、快捷和完整。在社会网络中，社交效率用接近中心度衡量，即某个节点到其他所有点的最短路径总和。拥有更高效社交关系的基金经理往往能更及时、完整、高效地获得信息，从而在信息效率层面提升自身的择时能力。

假设二：社交效率更高的基金经理具有更强的择时能力。

（3）基金经理的社交圈地位与择时能力

社交圈地位是指某一名基金经理在该社会网络中对信息传递的影响力，以及基金经理与其他基金经理之间的关系调节能力。在社会网络中，社交圈地位以中介中心度衡量，即一个节点处于另外两个节点之间最短路径上的概率之和。当一名基金经理处于多名经理社交关系的中间处时，他不仅可以通过社交圈地位获得更多信息，还可以利用自身的影响力传递甚至曲解信息，进一步地对其他经理之间的关系产生影响。基金经理在社交圈子中的影响力有利于择时能力的提升。

假设三：社交圈地位更重要的基金经理具有更强的择时能力。

（4）基金经理的社交关系质量与择时能力

基金经理的社交关系质量体现在与之交好的其他经理是否在社交圈

中具有一定的重要性。在社会网络中，社交关系质量以特征向量中心度衡量，通过计算社会网络矩阵的主特征向量中对应的元素来量化某一节点的邻接节点在社会网络中的重要程度。当一名基金经理认识更多在网络中十分重要的经理时，他可通过高质量的社会网络获取到最重要、最有价值的信息。这些关键信息能够很好地帮助基金经理进行择时决策，有利于提升基金经理的择时能力。

假设四：拥有高质量社交关系的基金经理具有更强的择时能力。

8.3 样本选择与数据来源

本篇选择中国开放式股票型基金和偏股混合型基金作为研究对象。Wind数据库显示，截至2019年6月，中国共有408只股票型基金和990只偏股混合型基金，加总共1 398只基金。各基金的复权单位净值月度收益率、现任基金经理姓名与管理年限、基金经理更换情况等数据来自Wind数据库和CSMAR国泰安数据库。

上述1 398只基金共由693名基金经理分别管理。本篇对693名开放式基金经理构建社会网络。基金经理的教育背景、工作履历、任职离职、社会活动等信息来自CSMAR国泰安数据库、天天基金网、各家基金公司披露的简历信息，以及互联网信息。693名基金经理的简历信息中，有304份简历中仅有学历信息，未提及毕业院校信息，因此需要通过搜集互联网信息补充缺失的毕业院校信息。互联网信息主要来源有：基金经理专访新闻、领英网、晨星评级、各高校公告、讲座宣传广告等。通过搜集互联网信息，仅88名经理的毕业院校无法查询，占比12.69%。基金经理不披露毕业院校的主要原因可能是其毕业院校并不知名，无法为自己提供积极的宣传，也有可能因为自身性格内敛而不想公开个人信息。基于上述考虑并参考黄志忠等（2012）的研究方法，本篇不剔除上述88名基金经理，并视其毕业于非知名院校，与其他基金经理不产生校友关系。

其他数据的来源如下：四因子模型中的无风险收益率R_f、市场因子MKT、规模因子SMB、账面市值比因子HML、动量因子MOM的月度与日度数据来自中央财经大学中国资产管理研究中心。构建择时能力所需要的A股市场日超额收益的月度标准差、各股票的日成交量与日收益、各月标的股票总数量和总市值等数据来源于CSMAR国泰安数据库。6项控制变量来自东方财富Choice数据库、Wind数据库和CSMAR国泰安数据库。

本篇选取的数据时间范围在2017年1月至2019年6月期间，共30个月。由于本篇运用社会网络方法进行研究，因此我们选择的目标基金必须保证在研究时间范围内基金经理未进行更换，否则难以判断基金经理的社交关系是否能影响择时能力。若将研究时间扩展至3年，则在3年内未更换基金经理的基金低于250只，样本量过少，影响实证回归结果的可信度；若将研究时间缩减至2年，则时间跨度过短，实证回归结果的有效性不强，故本篇选择了2017年1月至2019年6月共30个月作为本篇的研究时间范围。首先，根据研究的要求，本篇剔除了在2017年1月至2019年6月期间更换基金经理的基金。其次，为避免样本重复，本篇剔除了每只基金中B类、C类、E类、H类等类型，仅保留了A类。基金的B类、C类的申购赎回费率与A类的规定不同；E类代表该类基金只在指定代销机构销售；H类仅在中国香港地区发售，并以人民币计价且申购时收取前端申购费用。最后，本篇的基金样本如下：在2017年1月至2019年6月期间未更换基金经理的股票型基金共106只、偏股混合型基金共275只，总计381只基金，共由296名基金经理分别管理。在毕业院校无法查询的88名基金经理中，有25名基金经理来自样本基金。

本篇对693名基金经理的教育背景、工作履历、社会活动等社会关系信息进行了分类、筛选等工作，并根据上述社会关系信息构建了一个中国开放式股票型基金和偏股混合型基金经理的社会网络矩阵（对称0-1矩阵）。将社会网络矩阵使用UCINET软件进行进一步处理，即可得到各基金经理的社会网络中心性指标，以及整个网络的可视化图（详细的社会网络可视化图参见附录2）。具体的社交关系判定标准如下：

① 教育背景方面，693名基金经理中共有10名经理的最高学历是本科。其余拥有硕士及更高学历的683名经理中，仅有29名经理的简历

中披露了本科学历信息。考虑到本科学历信息的缺乏，本篇选择硕士及更高的学历作为有效信息，不参考本科学历信息。在实际生活中，一个人认识近年毕业校友的概率会比认识已毕业十余年校友的概率更高。考虑到校友关系的时间跨度，本篇在处理教育背景信息时设定了一个前后5年的阈值。举个例子，一个2010年毕业的经理只与2005—2015年毕业的同校经理产生校友关系，与其他年份毕业的同校经理不产生校友关系。

② 工作履历方面，所有基金经理的简历信息中都详细披露了就职离职时间、就职公司、就职岗位等信息。本篇将同一时间在同一公司就职的基金经理判定为具有同事关系。举个例子，A经理于2010—2015年在某基金公司就职，B经理于2013年至今在该公司就职，C经理于2005—2009年在该公司就职，那么A经理与B经理于2013—2015年在同一公司就职，产生了同事关系，而C经理不与A和B经理产生同事关系。

③ 社会活动方面，仅可获取少数基金经理的社会活动信息，如学术讲座、电话会议、人物专访等。本篇将同时参与一场社会活动的基金经理判定为具有社会活动关系。

截至2019年6月末，共有693名基金经理管理中国所有的开放式股票型基金和偏股混合型基金，他们产生的社会网络共有18 650条连接。其中，点度中心度和接近中心度最高的基金经理均为华夏基金公司的王劲松经理。王经理是经济学博士，毕业于复旦大学世界经济系，证券从业15年，历任华安基金公司产品开发员、银河基金公司行业研究员与基金经理助理，目前是华夏基金公司机构投资总监、机构权益投资部行政负责人。王经理与136名基金经理有直接的联系，仅用1 274条连接即可联系上其余692名基金经理。中介中心度最高的基金经理为富安达基金公司的吴战峰经理。吴经理毕业于清华大学，并曾在平安证券、招商证券、国信证券、国投瑞银基金等8家知名券商和基金公司工作，现任富安达基金管理有限公司研究发展部总监。吴经理的中介中心度为2 463.975。特征向量中心度最高的基金经理是华夏基金公司的陈虎经理。陈经理是清华大学生物学博士，曾就职于南方基金公司并担任行业研究员与基金经理助理，现任华夏基金公司股票投资部高级副总裁。陈虎经理的特征向量中心度为0.103。

在296名样本基金经理中，点度中心度、接近中心度和中介中心度最高的基金经理均为吴战峰经理。吴经理与125名基金经理有直接的联系，仅用1 277条连接即可联系上其余692名基金经理。特征向量中心度最高的基金经理是华夏基金公司的陈斌经理。陈斌经理是清华大学北京协和医学院内科学博士，2009年加入华夏基金公司，并于2015年起担任基金经理。陈斌经理的特征向量中心度为0.098。各中心性指标排名前十的基金经理名单见表8-2至表8-5。

表8-2 **点度中心度排名前十的基金经理情况**

排名	基金经理姓名	基金公司	点度中心度
1	王劲松	华夏基金	136
2	吴云峰	嘉实基金	132
3	李欣	嘉实基金	130
4	胡宇飞	嘉实基金	125
5	吴战峰	富安达基金	125
6	提云涛	信诚基金	125
7	黄文倩	华夏基金	123
8	李化松	平安基金	122
9	刘斌	嘉实基金	121
10	陈虎	华夏基金	120

表8-3 **接近中心度排名前十的基金经理情况**

排名	基金经理姓名	基金公司	接近中心度
1	王劲松	华夏基金	1 274
2	吴战峰	富安达基金	1 277
3	吴云峰	嘉实基金	1 286
4	李化松	平安基金	1 295
5	李欣	嘉实基金	1 297
6	李权胜	博时基金	1 297
7	周蔚文	中欧基金	1 301
8	蒲世林	富国基金	1 302
9	陈虎	华夏基金	1 303
10	郭锐	招商基金	1 304

表8-4　　中介中心度排名前十的基金经理情况

排名	基金经理姓名	基金公司	中介中心度
1	吴战峰	富安达基金	2 463.975
2	沈莉	银华基金	2 295.667
3	王劲松	华夏基金	2 253.656
4	洪流	嘉实基金	2 134.981
5	黄栋	上投摩根基金	1 977.324
6	饶晓鹏	华安基金	1 831.087
7	李权胜	博时基金	1 820.95
8	杨雨龙	国金基金	1 793.685
9	郭锐	招商基金	1 719.183
10	周蔚文	中欧基金	1 710.196

表8-5　　特征向量中心度排名前十的基金经理情况

排名	基金经理姓名	基金公司	特征向量中心度
1	陈虎	华夏基金	0.103
2	吴云峰	嘉实基金	0.102
3	刘斌	嘉实基金	0.1
4	李铧汶	华夏基金	0.1
5	胡宇飞	嘉实基金	0.099
6	蒲世林	富国基金	0.098
7	陈斌	华夏基金	0.098
8	苏秉毅	大成基金	0.097
9	林晶	华夏基金	0.097
10	张金涛	嘉实基金	0.097

根据上文介绍，本篇将2017年1月至2019年6月期间未更换基金经理的股票型基金和偏股混合型基金作为研究对象，剔除掉不符合要求的

基金后共有381只基金，对应296名基金经理。本篇将该296名目标基金经理的中心性指标用于实证回归分析。

本篇通过三种择时能力模型分别计算出每只目标基金的择时能力系数。其中，在计算流动性指标的过程中，本篇选择了2017年1月至2019年6月所有A股市场的股票进行指标构建，并剔除了：①在研究时间范围内观测日小于15日的股票；②股价超过1 000元或低于2元的股票。

最后，本篇对所有变量进行上下1%水平的Winsorize缩尾处理，排除异常值对回归结果产生影响，保证回归结果的稳健性。

第9章　数据分析及结论

9.1　描述性统计

表9-1报告了主要变量的描述性统计，包括观测值、均值、标准差、最小值和最大值。在381只目标基金中，市场收益择时能力的均值为20.13、波动性择时能力的均值为-690.17、流动性择时能力的均值为69.37。社会网络中心性指标方面，每只基金的基金经理平均与其他54位经理存在直接关系，连接至所有基金经理的平均最短路径为1 493条，中介中心度和特征向量中心度的均值分别为401.7592和0.0264。此外，目标基金的平均资产净值为14.66亿元，平均家族规模为2 691.39亿元，平均成立年限为8.87年，平均资金流量增长率为7.55%，平均基金换手率为1.7，平均费用比率为1.9%。

表9-1 描述性统计

变量名称	观测值	均值	标准差	最小值	最大值
Mar_t	381	20.1314	118.9175	-345.0677	508.6076
Vol_t	381	-690.1731	2 124.42	-5 665.21	9 292.76
Liq_t	381	69.3693	1 456.85	-5 587.58	4 225.77
Degree	381	54.2073	28.3412	7	125
Closeness	381	1 492.61	125.5939	1 277	1 940
Betweeness	381	401.7592	384.1142	0	2 463.975
Eigenvector	381	0.0264	0.0249	0	0.098
TNA	381	1.4660	2.1538	0.0106	19.2508
Famsize	381	26.9139	20.9507	0.1630	123.3423
Age	381	8.8687	3.9944	3	18.3041
Flow	381	0.0755	0.8783	-1.0416	13.4656
Turnover	381	1.7007	1.4422	0.0689	13.0935
Expense	381	0.0190	0.0058	0.0064	0.0856

9.2 社会网络中心性对择时能力的影响

9.2.1 社会网络中心性与市场收益择时能力

本节将市场收益择时能力与点度中心度、接近中心度、中介中心度和特征向量中心度分别进行回归，并添加了6项控制变量。表9-2报告了实证回归结果。回归结果显示，4项社会网络中心性指标均在1%的水平上显著。其中，点度中心度、中介中心度和特征向量中心度均为正向显著。接近中心度指标越小，说明节点与其他所有节点的近邻程度越高，因此，接近中心度指标与市场收益择时能力呈负向关系。实证回归结果表明，我国开放式基金经理的社交规模、社交效率、社交圈地位和社交质量显著影响基金经理的市场收益择时能力。

表9-2 市场收益择时能力与社会网络中心性指标回归结果

Mar_t	(1)	(2)	(3)	(4)
Degree	1.2263*** (6.21)			
Closeness		-0. 2909*** (-6.36)		
Betweeness			0. 0770*** (5.15)	
Eigenvector				657.3307*** (2.79)
TNA_log	-14.3770 (-1.32)	-13.7070 (-1.26)	-16.3542 (-1.48)	-13.5080 (-1.19)
Famsize_log	-31.6978*** (-2.94)	-37.9004*** (-3.47)	-24.7521** (-2.29)	-27.2666** (-2.42)
Age	0.8936 (0.59)	0. 9000 (0.59)	0.9478 (0.62)	0.8930 (0.57)
Flow	41.2340*** (3.61)	43.7772*** (3.85)	40.7047*** (3.51)	43.3237*** (3.65)
Turnover	11.3701** (2.50)	10.7388** (2.36)	8.7815* (1.90)	11.6099** (2.44)
Expense	1 968.18 (1.55)	2 327.37* (1.83)	2 020.47 (1.56)	1612.64 (1.22)
常数项	-77.1965** (-2.14)	425.0856*** (5.54)	-47.3975 (-1.33)	-27.0021 (-0.74)
观测值	381	381	381	381
R-squared	0.1640	0.1679	0.1390	0.0965

注：***、**、*分别表示在1%、5%、10%水平上显著。括号内为t值。

9.2.2 社会网络中心性与波动性择时能力

本节将波动性择时能力与点度中心度、接近中心度、中介中心度和特征向量中心度分别进行回归，并添加了6项控制变量。表9-3报告了实证回归结果。回归结果显示，点度中心度、中介口心度和特征向量中心度在1%的水平上正向显著，接近中心度在1%的水平上负向显著。实证回归结果表明，我国开放式基金经理的社交规模、社交效率、社交圈地位和社交质量均显著影响基金经理的波动性择时能力。

表9-3　　波动性择时能力与社会网络中心性指标回归结果

Vol_t	(1)	(2)	(3)	(4)
Degree	13.0701*** (3.51)			
Closeness		−2.6888*** (−3.11)		
Betweeness			1.0230*** (3.70)	
Eigenvector				12 314.88*** (2.87)
TNA_log	111.5295 (0.54)	116.2681 (0.56)	87.9747 (0.43)	136.1121 (0.66)
Famsize_log	153.8515 (0.76)	111.4577 (0.54)	218.4221 (1.09)	151.5624 (0.74)
Age	−29.8587 (−1.04)	−29.9330 (−1.04)	−28.8930 (−1.01)	−29.1100 (−1.01)
Flow	451.367** (2.10)	479.2291** (2.23)	436.2921** (2.03)	465.6449** (2.16)
Turnover	106.9823 (1.25)	99.7319 (1.16)	75.2416 (0.88)	119.5521 (1.38)
Expense	−46 858.53* (−1.96)	−44 281.45* (−1.84)	−4 4791.29* (−1.87)	−4 9276.73** (−2.05)
常数项	−623.4498 (−0.92)	4 112.40*** (2.83)	−400.2122 (−0.61)	−215.2589 (−0.33)
观测值	381	381	381	381
R-squared	0.0765	0.0700	0.0796	0.0666

注：***、**、*分别表示在1%、5%、10%水平上显著。括号内为t值。

9.2.3 社会网络中心性与流动性择时能力

本节将流动性择时能力与点度中心度、接近中心度、中介中心度和特征向量中心度分别进行回归，并添加了6项控制变量。表9-4报告了实证回归结果。回归结果显示，点度中心度、中介中心度和特征向量中心度在1%的水平上正向显著，接近中心度在1%的水平上负向显著。实证回归结果表明，我国开放式基金经理的社交规模、社交效率、社交圈地位和社交质量均显著影响基金经理的流动性择时能力。

表9-4 **流动性择时能力与社会网络中心性指标回归结果**

Liq_t	(1)	(2)	(3)	(4)
Degree	9.9378*** (3.89)			
Closeness		-1.7032*** (-2.85)		
Betweeness			0.7293*** (3.83)	
Eigenvector				7 752.68*** (2.62)
TNA_log	-291.2075** (-2.06)	-289.5958** (-2.03)	-308.5193** (-2.18)	-277.1648** (-1.94)
Famsize_log	95.7254 (0.69)	83.1529 (0.58)	147.0997 (1.07)	109.0085 (0.77)
Age	38.1103* (1.94)	37.9359* (1.92)	38.7511** (1.97)	38.4504* (1.94)
Flow	-31.8966 (-0.22)	-10.0830 (-0.07)	-41.0854 (-0.28)	-18.6153 (-0.12)
Turnover	53.4597 (0.91)	47.5143 (0.80)	30.3264 (0.51)	59.9785 (1.00)
Expense	-49 808.41*** (-3.03)	-48 886.27*** (-2.94)	-48 600.46*** (-2.95)	-52 063.08*** (-3.14)
常数项	-128.0793 (-0.27)	2 961.01*** (2.95)	64.3950 (0.14)	220.7484 (0.48)
观测值	381	381	381	381
R-squared	0.0829	0.0660	0.0817	0.0629

注：***、**、*分别表示在1%、5%、10%水平上显著。括号内为t值。

9.3 哪些基金经理受社会网络影响更大?

9.3.1 按基金经理性别分组

高鹤等（2014）、史金艳等（2016）学者发现，男性基金经理和女性基金经理在投资风险承担上具有显著区别，男性基金经理倾向采用更激进的投资方法，承担较大的风险，而女性基金经理倾向采用更稳健的投资方法，以有效降低基金风险承担水平，这是由于男性与女性在心理方面的差异导致的。基于上述研究，本节以基金经理的性别对样本基金进行分组，探究性别差异是否对基金经理通过自身社交关系提高择时能力产生影响。本篇共有样本基金381只、样本基金经理296名。其中，男性基金经理254名，占比85.81%，管理着324只样本基金；女性基金经理42名，占比14.19%，管理着57只样本基金。平均来看，样本中男性基金经理的社交关系比女性基金经理更强。男性基金经理平均与其他54.8位基金经理产生关系，平均共用1 488.9条连接即可联系上其余692名基金经理，平均中介中心度为411.75，平均特征向量中心度为0.026。女性基金经理平均与其他50.7位基金经理产生关系，平均共用1 513.4条连接即可联系上其余692名基金经理，平均中介中心度为344.94，平均特征向量中心度为0.024。

表9-5至表9-7是按基金经理性别分组后市场收益择时能力、波动性择时能力和流动性择时能力与社会网络中心性指标的回归结果。表内（1）至（4）列是男性基金经理的择时能力与4项社会网络中心性指标的实证结果，（5）至（8）列是女性基金经理的择时能力与4项社会网络中心性指标的实证结果。

表9-5　按基金经理性别分组后市场收益择时能力与社会网络中心性指标回归结果

Mar_t	(1)	(2)	(3)	(4)	(5)	(6)	(7)	(8)
Degree	1.326*** (6.00)				0.832* (1.75)			
Closeness		-0.327*** (-6.28)				-0.207* (-1.96)		
Betweeness			0.083*** (5.07)				0.061 (1.43)	
Eigenvector				627.312** (2.41)				840.557 (1.45)
TNA_log	-15.136 (-1.24)	-15.011 (-1.24)	-18.330 (-1.48)	-13.324 (-1.04)	-9.508 (-0.38)	-6.182 (-0.25)	-6.792 (-0.26)	-13.282 (-0.53)
Famsize_log	-33.997*** (-2.92)	-40.717*** (-3.46)	-27.953** (-2.38)	-30.497*** (-2.48)	-4.631 (-0.15)	-10.294 (-0.33)	6.413 (0.22)	-1.141 (-0.04)
Age	0.414 (0.25)	0.334 (0.20)	0.413 (0.24)	0.518 (0.29)	3.457 (0.99)	3.867 (1.10)	3.967 (1.10)	3.478 (0.98)
Flow	44.061*** (3.49)	47.937*** (3.81)	43.576*** (3.40)	44.596*** (3.37)	24.215 (0.86)	21.740 (0.78)	21.717 (0.75)	32.076 (1.14)
Turnover	11.163** (2.12)	10.379** (1.98)	8.058 (1.50)	11.561** (2.09)	12.824 (1.47)	13.187 (1.52)	11.763 (1.34)	12.461 (1.41)
Expense	2 267.61 (1.64)	2 786.17** (2.01)	2 228.24 (1.59)	1 708.99 (1.18)	-850.526 (-0.25)	-1 220.56 (-0.35)	-560.528 (-0.16)	-5.991 (-0.00)
常数项	-83.831** (-2.08)	475.960*** (5.54)	-47.056 (-1.19)	-22.869 (-0.57)	-44.737 (-0.54)	321.759 (1.63)	-44.206 (-0.53)	-44.350 (-0.53)
观测值	324	324	324	324	57	57	57	57
R-squared	0.1757	0.1836	0.1508	0.0982	0.1358	0.1486	0.1186	0.1197

注：***、**、*分别表示在1%、5%、10%水平上显著。括号内为t值。

表9-6　　按基金经理性别分组后波动性择时能力与社会网络中心性指标回归结果

Vol_t	(1)	(2)	(3)	(4)	(5)	(6)	(7)	(8)
Degree	11.189*** (2.75)				25.880** (2.48)			
Closeness		-2.631*** (-2.73)				-3.444 (-1.42)		
Betweeness			0.976*** (3.29)				1.989** (2.13)	
Eigenvector				8 519.41* (1.84)				38 369.5*** (3.15)
TNA_log	5.180 (0.02)	6.069 (0.03)	-31.305 (-0.14)	31.359 (0.14)	712.866 (1.29)	685.784 (1.18)	811.791 (1.42)	623.586 (1.17)
Famsize_log	138.965 (0.65)	88.330 (0.40)	181.511 (0.85)	142.247 (0.65)	219.096 (0.32)	423.727 (0.58)	545.887 (0.83)	77.399 (0.12)
Age	-23.212 (-0.75)	-23.813 (-0.77)	-23.597 (-0.76)	-22.389 (-0.72)	-73.440 (-0.95)	-77.132 (-0.96)	-55.454 (-0.69)	-61.893 (-0.83)
Flow	565.592** (2.43)	597.345** (2.56)	555.018** (2.39)	565.261** (2.41)	-475.396 (-0.77)	-416.093 (-0.65)	-569.340 (-0.89)	-217.737 (-0.37)
Turnover	84.704 (0.87)	78.093 (0.81)	50.808 (0.52)	94.098 (0.96)	250.036 (1.30)	230.128 (1.15)	218.463 (1.13)	259.584 (1.40)
Expense	-51 387.9** (-2.02)	-47 503.1* (-1.85)	-49 468.4* (-1.95)	-55 266.4** (-2.16)	-38 367.8 (-0.50)	-36 270.2 (-0.46)	-29 835.8 (-0.39)	-8 128.72 (-0.11)
常数项	-479.470 (-0.65)	4 052.80** (2.55)	-299.107 (-0.42)	-43.004 (-0.06)	-1 072.77 (-0.59)	5 222.95 (1.15)	-1 079.12 (-0.59)	-1 256.05 (-0.72)
观测值	324	324	324	324	57	57	57	57
R-squared	0.0723	0.0720	0.0817	0.0602	0.2035	0.1390	0.1795	0.2548

注：***、**、*分别表示在1%、5%、10%水平上显著。括号内为t值。

表9-7 按基金经理性别分组后流动性择时能力与社会网络中心性指标回归结果

Liq_t	(1)	(2)	(3)	(4)	(5)	(6)	(7)	(8)
Degree	12.933*** (4.61)				-4.744 (-0.78)			
Closeness		-2.235*** (-3.31)				-0.150 (0.11)		
Betweeness			0.791*** (3.81)				0.339 (0.63)	
Eigenvector				10 019*** (3.11)				-3 193.97 (-0.43)
TNA_log	-178.010 (-1.15)	-178.045 (-1.13)	-208.462 (-1.33)	-147.171 (-0.93)	-877.04*** (-2.71)	-851.1** (-2.59)	-797.44** (-2.41)	-851.87** (-2.64)
Famsize_log	123.356 (0.83)	102.558 (0.67)	182.924 (1.23)	125.746 (0.83)	-31.802 (-0.08)	-130.526 (-0.32)	-203.521 (-0.54)	-84.334 (-0.21)
Age	33.210 (1.55)	32.990 (1.52)	33.226 (1.54)	34.157 (1.57)	35.412 (0.78)	38.734 (0.85)	46.487 (1.01)	36.7157 (0.81)
Flow	-70.865 (-0.44)	-40.071 (-0.25)	-75.125 (-0.46)	-71.506 (-0.44)	283.872 (0.79)	251.097 (0.69)	191.375 (0.52)	240.798 (0.67)
Turnover	52.811 (0.79)	45.195 (0.67)	23.093 (0.34)	63.991 (0.94)	92.157 (0.82)	100.819 (0.89)	106.513 (0.95)	96.945 (0.86)
Expense	-46 662*** (-2.65)	-45 223** (-2.52)	-47 210*** (-2.66)	-51 100*** (-2.86)	-45 648.6 (-1.02)	-48 220.1 (-1.07)	-50 475.1 (-1.13)	-49 942.3 (-1.12)
常数项	-384.541 (-0.75)	3 663.18*** (3.29)	-16.375 (-0.03)	115.760 (0.23)	867.498 (0.82)	532.989 (0.21)	714.535 (0.67)	839.804 (0.79)
观测值	324	324	324	324	57	57	57	57
R-squared	0.1015	0.0733	0.0834	0.0697	0.2371	0.2279	0.2339	0.2307

注：***、**、*分别表示在1%、5%、10%水平上显著。括号内为t值。

总体来看，男性基金经理比女性基金经理更能利用自身社交关系提高择时能力。市场收益择时能力方面，男性基金经理的点度中心度、接近中心度和中介中心度在1%的水平上显著，特征向量中心度在5%的水平上显著；女性基金经理仅点度中心度和接近中心度在10%的水平上显著。波动性择时能力方面，男性基金经理的点度中心度、接近中心度和中介中心度在1%的水平上显著，特征向量中心度在10%的水平上显著；女性基金经理的接近中心度对波动性择时能力不产生显著影响。流动性择时能力方面，男性基金经理4项社会网络中心度指标均在1%的水平上显著，女性基金经理4项社会网络中心度指标均不显著，这说明女性基金经理的社交规模、社交效率、社交圈地位和社交质量均不能对她们的流动性择时能力产生显著影响。本质上看，相比于依靠专业投研水平提高择时能力，基金经理使用社交关系提高择时能力是更具有风险的行为。大量心理学、行为经济学和社会学的研究发现，风险偏好不同是男女性别差异的主要体现，如Kulich et al.、Malmendier et al.（2011）发现女性在行为上会比男性更加谨慎和保守。Byrnes et al.（1999）使用Meta分析法，发现女性比男性有更高的风险厌恶水平。这种性别差异也反映在金融投资方面。Olsen and Cox（2001）发现女性投资者更重视风险属性，并更愿意规避风险。因此，相比于男性基金经理，女性基金经理不会过于依靠社交关系提升择时能力，而是会选择其他更稳健的方式。

9.3.2 按基金经理学历分组

具有博士研究生学历的基金经理，是否比具有硕士研究生学历的基金经理更善于通过社交关系提高择时能力呢？本节以基金经理的学历对样本基金进行分组，探究学历是否对基金经理通过自身社交关系增强择时能力产生影响。本节共有样本基金381只，由296名样本基金经理分别管理。其中，硕士研究生学历基金经理250名，占比84.46%，管理着330只样本基金；博士研究生学历基金经理35名，占比11.82%，管理着38只样本基金；本科学历基金经理11名，占比3.72%，管理着13只样本基金。本节在进行教育背景的社交关系判定时选择硕士及更高的学历作为有效信息，不参考本科学历信息。因此进行分组检验时，本节剔除了本科学历基金经理管理的13只样本基金。平均来看，样本中博士研究生学历基金经理的社交关系比硕士研究生学历基金经理更强。硕士研究生学历基金经理平均与其他54.1位基金经理产生关系，平均共用1 490.7条连接即可联系上其余692名基金经理，平均中介中心度为406.38，平均特征向量中心度为0.026。博士研究生学历基金经理平均与其他60.7位基金经理产生关系，平均共用1 473.9条连接即可联系上其余692名基金经理，平均中介中心度为448.57，平均特征向量中心度为0.032。

表9-8至表9-10是按基金经理学历分组后市场收益择时能力、波动性择时能力和流动性择时能力与社会网络中心性指标的回归结果。表内（1）至（4）列是硕士研究生学历基金经理的择时能力与4项社会网络中心性指标的实证结果，（5）至（8）列是博士研究生学历基金经理的择时能力与4项社会网络中心性指标的实证结果。

表9-8　　按基金经理学历分组后市场收益择时能力与社会网络中心性指标回归结果

Mar_t	(1)	(2)	(3)	(4)	(5)	(6)	(7)	(8)
Degree	1.135*** (5.43)				1.360* (2.01)			
Closeness		-0.249*** (-5.10)				-0.362** (-2.15)		
Betweeness			0.072*** (4.56)				0.077 (1.58)	
Eigenvector				634.220** (2.56)				975.881 (1.30)
TNA_log	-17.334 (-1.49)	-17.980 (-1.54)	-20.781* (-1.76)	-16.381 (-1.36)	26.919 (0.60)	25.281 (0.56)	48.316 (1.03)	27.946 (0.60)
Famsize_log	-34.084*** (-3.03)	-38.674*** (-3.36)	-27.349** (-2.43)	-30.038** (-2.57)	-57.729 (-1.32)	-61.212 (-1.41)	-59.329 (-1.32)	-62.693 (-1.37)
Age	1.009 (0.63)	0.869 (0.54)	0.985 (0.61)	0.927 (0.56)	1.766 (0.34)	2.537 (0.49)	1.425 (0.26)	3.335 (0.61)
Flow	56.954*** (4.44)	58.739*** (4.56)	57.589*** (4.43)	60.046*** (4.53)	11.494 (0.16)	10.391 (0.14)	13.763 (0.18)	19.142 (0.25)
Turnover	15.820*** (3.13)	14.218*** (2.80)	12.812** (2.49)	17.182*** (3.27)	3.710 (0.21)	4.892 (0.28)	7.203 (0.38)	-3.019 (-0.17)
Expense	4 012.70*** (2.63)	4 122.75*** (2.69)	3 955.70** (2.56)	3 729.69** (2.37)	-4 835.79 (-0.60)	-3 353.23 (-0.42)	-1 448.92 (-0.17)	-6 128.49 (-0.72)
常数项	-115.45*** (-2.91)	324.717*** (3.87)	-85.958** (-2.19)	-71.708* (-1.80)	81.007 (0.47)	664.88** (2.27)	67.238 (0.38)	161.97 (0.93)
观测值	330	330	330	330	38	38	38	38
R-squared	0.2043	0.1962	0.1841	0.1487	0.2397	0.2528	0.2038	0.1836

注：***、**、*分别表示在1%、5%、10%水平上显著。括号内为t值。

表9-9　按基金经理学历分组后波动性择时能力与社会网络中心性指标回归结果

Vol_t	(1)	(2)	(3)	(4)	(5)	(6)	(7)	(8)
Degree	13.091*** (3.38)				18.052 (1.36)			
Closeness		-2.492*** (-2.75)				-4.208 (-1.26)		
Betweeness			1.190*** (4.13)				0.176 (0.18)	
Eigenvector				11075.9** (2.48)				23493.1 (1.68)
TNA_log	37.485 (0.17)	28.256 (0.13)	-10.262 (-0.05)	64.892 (0.30)	79.698 (0.09)	72.960 (0.08)	210.556 (0.23)	23.864 (0.03)
Famsize_log	127.88 (0.61)	96.941 (0.45)	190.777 (0.93)	140.721 (0.67)	-350.886 (-0.41)	-388.393 (-0.45)	-334.834 (-0.38)	-489.784 (-0.58)
Age	2.621 (0.09)	1.064 (0.04)	2.739 (0.09)	1.795 (0.06)	-304.96*** (-2.96)	-294.64*** (-2.86)	-296.69*** (-2.78)	-276.09** (-2.72)
Flow	486.001** (2.05)	511.199** (2.14)	472.952** (2.01)	511.578** (2.14)	-1 071.85 (-0.75)	-1 066.16 (-0.74)	-943.465 (-0.64)	-1 008.99 (-0.72)
Turnover	145.204 (1.55)	129.025 (1.37)	96.299 (1.03)	169.621* (1.79)	-73.694 (-0.21)	-70.213 (-0.20)	-133.910 (-0.36)	-168.575 (-0.50)
Expense	-39 100.9 (-1.39)	-38 798.2 (-1.37)	-37 488.9 (-1.34)	-40 958.6 (-1.44)	-148 860.5 (-0.94)	-129 790.2 (-0.82)	-128 823.8 (-0.78)	-192 067.1 (-1.21)
常数项	-1 105.26 (-1.50)	3 386.64** (2.18)	-914.350 (-1.29)	-696.889 (-0.97)	-1 072.77 (-0.59)	11 438.3* (1.96)	5 235.46 (1.48)	5 785.83* (1.78)
观测值	330	330	330	330	38	38	38	38
R-squared	0.0778	0.0669	0.0931	0.0628	0.2682	0.2622	0.2243	0.2899

注：***、**、*分别表示在1%、5%、10%水平上显著。括号内为t值。

表9-10 按基金经理学历分组后流动性择时能力与社会网络中心性指标回归结果

Liq_t	(1)	(2)	(3)	(4)	(5)	(6)	(7)	(8)
Degree	8.759*** (3.10)				22.623*** (3.71)			
Closeness		-1.488** (-2.25)				-4.794*** (-2.95)		
Betweeness			0.634*** (2.99)				1.203** (2.56)	
Eigenvector				6310.70* (1.93)				18987.8** (2.69)
TNA_log	-267.703* (-1.71)	-274.718* (-1.74)	-295.999* (-1.88)	-254.163 (-1.60)	-496.912 (-1.23)	-493.317 (-1.14)	-155.651 (-0.35)	-498.018 (-1.13)
Famsize_log	133.106 (0.88)	122.711 (0.79)	181.917 (1.21)	151.582 (0.98)	82.840 (0.21)	42.824 (0.10)	59.774 (0.14)	-18.816 (-0.04)
Age	47.141** (2.18)	46.126** (2.12)	47.042** (2.17)	46.552** (2.13)	26.642 (0.57)	39.647 (0.79)	22.181 (0.43)	54.845 (1.07)
Flow	-152.195 (-0.88)	-133.173 (-0.76)	-151.636 (-0.87)	-132.134 (-0.76)	26.592 (0.04)	50.043 (0.07)	73.648 (0.10)	143.656 (0.20)
Turnover	89.360 (1.31)	79.608 (1.16)	63.121 (0.92)	103.148 (1.49)	-26.142 (-0.16)	-31.571 (-0.18)	21.819 (0.12)	-139.516 (-0.81)
Expense	-73 179*** (-3.56)	-73 429*** (-3.54)	-73 135*** (-3.55)	-74 833*** (-3.61)	-53 919.2 (-0.74)	-30 502.1 (-0.40)	34.774 (0.00)	-82 236.1 (-1.02)
常数项	207.359 (0.39)	2 939.55*** (2.59)	403.145 (0.77)	508.697 (0.97)	-633.80 (-0.41)	7 317.51** (2.59)	-780.038 (-0.45)	755.857 (0.46)
观测值	330	330	330	330	38	38	38	38
R-squared	0.0917	0.0790	0.0898	0.0752	0.3428	0.2568	0.2128	0.2272

注：***、**、*分别表示在1%、5%、10%水平上显著。括号内为t值。

在市场收益择时能力方面，硕士研究生学历基金经理的点度中心度、接近中心度和中介中心度在1%的水平上显著，特征向量中心度在5%的水平上显著；博士研究生学历基金经理的点度中心度和接近中心度分别在10%和5%的水平上显著，其余2项中心性指标均不显著。波动性择时能力方面，硕士研究生学历基金经理的点度中心度、接近中心度和中介中心度在1%的水平上显著，特征向量中心度在5%的水平上显著；博士研究生学历基金经理的4项社会网络中心性指标均不显著，这说明在波动性行情下，博士研究生学历基金经理的社交关系对择时能力的影响有限。流动性择时能力方面，硕士研究生学历基金经理和博士研究生学历基金经理的4项社会网络中心性指标均显著。一些学者发现，学历越高的基金经理越善于控制风险。赵秀娟和汪寿阳（2010）、Li et al.（2011）均发现，高学历的基金经理所选择的投资组合的风险更低，并在风险控制方面更具有优势。因此，相比于硕士研究生学历基金经理，博士研究生学历基金经理对通过自身社交关系提高择时能力的依赖更小，他们会选择其他风险更低的方式提高择时能力。

9.3.3 按基金经理毕业院校知名度分组

Gottesman and Morey（2006a）认为，基金经理的能力很大一部分由其智商决定，而最能体现基金经理智商的是他们的高等教育考试分数。由于在中国我们无法获得基金经理的高考分数，研究中通常使用基金经理就读高校的录取分数线、学术影响力、社会知名度等指标替代。本节基于基金经理毕业院校的知名度对样本基金进行分组。在我国，最为知名的四所高校分别为清华大学、北京大学、复旦大学和上海交通大学，俗称“清北复交”。本节将毕业于“清北复交”四所院校的基金经理分为名校组，将其余经理分为非名校组。在693名构建社会网络的基金经理中，有88名经理未披露毕业院校信息，其中样本基金经理25名。参考黄志忠等（2012）的研究方法，本节视上述基金经理毕业于非知名院校。此外，部分经理同时具有名校与非名校的就读经历，如葛兰经理本科就读于清华大学，硕士、博士就读于美国西北大学。本节将此类基金经理（共9人，管理着14只样本基金）同时放入名校组和非名校组中。最后，本节得到毕业于名校的样本基金经理141名，管理着183只样本基金；毕业于非名校基金经理164名，管理着212只样本基金。平均来看，样本中名校基金经理的社交关系远强于非名校基金经理。名校毕业的基金经理平均与其他73.9位基金经理产生关系，平均共用1 426.1条连接即可联系上其余692名基金经理，平均中介中心度为518.46，平均特征向量中心度为0.043。非名校毕业的基金经理平均与其他35.8位基金经理产生关系，平均共用1 556.7条连接即可联系上其余692名基金经理，平均中介中心度为294.20，平均特征向量中心度为0.011。

表9-11至表9-13是按基金经理毕业院校知名度分组后市场收益择时能力、波动性择时能力和流动性择时能力与社会网络中心性指标的回归结果。表内（1）至（4）列是名校组基金经理的择时能力与4项社会网络中心性指标的实证结果，（5）至（8）列是非名校组基金经理的择时能力与4项社会网络中心性指标的实证结果。

表9-11　**按毕业院校知名度分组后市场收益择时能力与社会网络中心性指标回归结果**

Mar_t	(1)	(2)	(3)	(4)	(5)	(6)	(7)	(8)
Degree	1.637*** (5.06)				2.297*** (4.94)			
Closeness		-0.391*** (-4.49)				-0.325*** (-4.77)		
Betweeness			0.047** (2.38)				0.128*** (4.96)	
Eigenvector				558.757* (1.74)				3 611.18*** (2.89)
TNA_log	-1.967 (-0.13)	-1.117 (-0.07)	-0.718 (-0.05)	2.147 (0.13)	-36.151** (-2.36)	-30.988** (-2.02)	-33.908** (-2.22)	-37.443** (-2.34)
Famsize_log	-40.498*** (-2.87)	-41.328*** (-2.88)	-30.378** (-2.07)	-35.625** (-2.32)	-38.062** (-2.28)	-44.679** (-2.58)	-20.579 (-1.29)	-29.560* (-1.63)
Age	0.547 (0.26)	0.384 (0.18)	-0.087 (-0.04)	0.273 (0.12)	2.156 (1.04)	2.104 (1.01)	2.373 (1.14)	2.305 (1.07)
Flow	43.724** (2.43)	48.834*** (2.68)	48.636** (2.57)	50.363*** (2.64)	34.525** (2.31)	36.404** (2.43)	32.821** (2.20)	37.705** (2.43)
Turnover	19.366** (2.35)	21.053** (2.53)	23.394*** (2.70)	25.358*** (2.93)	3.579 (0.62)	4.001 (0.70)	3.570 (0.62)	6.458 (1.10)
Expense	2 218.11 (0.81)	2 509.78 (0.90)	2 876.45 (1.00)	2 588.58 (0.89)	1 083.45 (0.72)	1 367.93 (0.91)	1 286.85 (0.86)	943.251 (0.61)
常数项	-122.176* (-1.95)	551.772*** (3.87)	-49.700 (-0.78)	-43.354 (-0.68)	-82.706* (-1.78)	508.823*** (4.18)	-64.213 (-1.40)	-55.172 (-1.15)
观测值	183	183	183	183	212	212	212	212
R-squared	0.2309	0.2097	0.1462	0.1335	0.1727	0.1666	0.1733	0.1100

注：***、**、*分别表示在1%、5%、10%水平上显著。括号内为t值。

表9-12　　按毕业院校知名度分组后波动性择时能力与社会网络中心性指标回归结果

Vol_t	(1)	(2)	(3)	(4)	(5)	(6)	(7)	(8)
Degree	13.635** (2.40)				19.099** (2.04)			
Closeness		-3.369** (-2.23)				-1.304 (-0.95)		
Betweeness			0.617* (1.86)				1.524*** (2.97)	
Eigenvector				14 997.3*** (2.85)				16 591.7 (0.68)
TNA_log	510.562* (1.94)	517.230* (1.96)	516.001* (1.95)	578.570** (2.21)	-417.800 (-1.36)	-376.426 (-1.22)	-408.320 (-1.34)	-405.875 (-1.30)
Famsize_log	-192.220 (-0.78)	-202.831 (-0.82)	-118.496 (-0.48)	-289.775 (-1.15)	450.004 (1.34)	539.760 (1.54)	561.087* (1.78)	589.649* (1.72)
Age	-31.036 (-0.84)	-32.267 (-0.87)	-36.451 (-0.98)	-27.135 (-0.74)	-17.144 (-0.41)	-17.58[illegible] (-0.42)	-14.373 (-0.35)	-16.652 (-0.39)
Flow	268.545 (0.85)	310.112 (0.98)	292.018 (0.92)	287.973 (0.92)	631.310** (2.10)	643.919** (2.13)	606.844** (2.04)	650.303** (2.15)
Turnover	165.394 (1.14)	178.023 (1.23)	186.147 (1.29)	201.899 (1.42)	49.116 (0.52)	68.281 (0.59)	34.469 (0.30)	77.458 (0.67)
Expense	-23 774.3 (-0.50)	-21 391.5 (-0.44)	-17 316.9 (-0.36)	-22 215.7 (-0.47)	-65 822.1** (-2.19)	-66 980.8** (-2.20)	-61 490.6** (-2.06)	-68 455.5** (-2.25)
常数项	-761.856 (-0.69)	5 011.57** (2.03)	-260.320 (-0.24)	-384.657 (-0.37)	-898.685 (-0.96)	1 706.37 (0.70)	-871.131 (-0.96)	-572.295 (-0.61)
观测值	183	183	183	183	212	212	212	212
R-squared	0.0776	0.0735	0.0657	0.0894	0.0937	0.0792	0.1133	0.0772

注：***、**、*分别表示在1%、5%、10%水平上显著。括号内为t值。

表9-13 按毕业院校知名度分组后流动性择时能力与社会网络中心性指标回归结果

Liq_t	(1)	(2)	(3)	(4)	(5)	(6)	(7)	(8)
Degree	13.954*** (3.95)				15.460** (2.33)			
Closeness		-2.403** (-2.50)				-1.093 (-1.12)		
Betweeness			0.664*** (3.19)				0.820** (2.22)	
Eigenvector				9 609.94*** (2.86)				21 380.2 (1.23)
TNA_log	-130.872 (-0.80)	-120.204 (-0.72)	-126.007 (-0.76)	-79.995 (-0.48)	-428.921* (-1.97)	-395.389* (-1.80)	-412.981* (-1.89)	-432.687* (-1.95)
Famsize_log	-147.288 (-0.96)	-123.049 (-0.78)	-73.323 (-0.48)	-170.517 (-1.06)	261.170 (1.10)	330.004 (1.33)	381.983* (1.68)	333.366 (1.37)
Age	46.274** (2.01)	43.828* (1.86)	40.715* (1.75)	46.837** (1.99)	39.925 (1.35)	39.572 (1.32)	41.295 (1.39)	40.771 (1.36)
Flow	-220.704 (-1.12)	-168.927 (-0.84)	-199.139 (-1.00)	-180.944 (-0.90)	156.793 (0.74)	167.079 (0.78)	146.288 (0.69)	176.573 (0.82)
Turnover	21.841 (0.24)	48.172 (0.52)	41.277 (0.45)	66.621 (0.73)	20.856 (0.26)	35.957 (0.44)	22.148 (0.27)	41.189 (0.50)
Expense	-40 714.7 (-1.36)	-37 846.4 (-1.23)	-33 968.5 (-1.12)	-38 273.6 (-1.25)	-60 822.8*** (-2.85)	-61 667.7*** (-2.85)	-59 699.5*** (-2.79)	-62 085.2*** (-2.88)
常数项	-393.734 (-0.58)	3 968.08** (2.52)	105.174 (0.16)	147.009 (0.22)	-187.817 (-0.28)	1981.98 (1.14)	-51.678 (-0.08)	18.637 (0.03)
观测值	183	183	183	183	212	212	212	212
R-squared	0.1156	0.0701	0.0898	0.0798	0.0962	0.0777	0.0940	0.0789

注：***、**、*分别表示在1%、5%、10%水平上显著。括号内为t值。

实证结果表明，面对波动性行情和流动性行情时，名校毕业基金经理的社交效率和社交质量比非名校毕业基金经理更能提高择时能力。市场收益择时能力方面，名校组和非名校组的4项社会网络中心性指标均显著。波动性择时能力方面，名校毕业基金经理的4项社会网络中心性指标均显著，而非名校毕业基金经理仅有点度中心度和中介中心度分别在5%和1%的水平上显著，其余中心性指标均不显著。流动性择时能力的结果与波动性择时能力类似，名校毕业基金经理的4项社会网络中心性指标均显著，而非名校毕业基金经理的接近中心度和特征向量中心度均不显著。曹烈冰等（2016）研究发现名校和非名校之间的社会声望，社会资源和社会影响力存在显著差异，名校的社会声望更强、社会资源更丰富、社会影响力更大。对于毕业于名校的基金经理来说，他们拥有更好的社会资源和声望，这有利于他们开展社交活动，获得更强的社会网络，从而更好地使用社交关系提高择时能力。

9.3.4 按基金经理是否毕业于海外院校分组

与在国内院校就读的基金经理相比，"海归"基金经理不仅在校友关系规模的积累上更小，而且在国外院校就读时受到的教育、形成的学习方法与思维逻辑也有所不同。本节基于基金经理是否毕业于海外院校对样本基金进行分组，并剔除掉25名未披露毕业院校信息的基金经理所管理的样本基金32只。剔除后的样本基金经理共271名，参与分组的样本基金共349只。部分经理同时具有本土与海外院校的就读经历，如葛兰经理本科就读于清华大学，硕士、博士就读于美国西北大学。本节将此类基金经理（共10人，管理着14只样本基金）同时放入海外院校组和本土院校组中。在271名样本基金经理中，有242名基金经理曾就读于本土院校，管理着317只样本基金；有39名基金经理曾就读于海外院校，管理着46只样本基金。平均来看，样本中本土院校毕业基金经理的社交关系比海外院校毕业基金经理更强。本土院校毕业的基金经理平均与其他58.8位基金经理产生关系，平均共用1 473.9条连接即可联系上其余692名基金经理，平均中介中心度为447.46，平均特征向量中心度为0.029。海外院校毕业的基金经理平均与其他31.4位基金经理产生关系，平均共用1 601.1条连接即可联系上其余692名基金经理，平均中介中心度为216.18，平均特征向量中心度为0.012。

表9-14至表9-16是基于基金经理是否毕业于海外院校分组后市场

收益择时能力、波动性择时能力和流动性择时能力与社会网络中心性指标的回归结果。表内（1）至（4）列是本土院校组基金经理的择时能力与4项社会网络中心性指标的实证结果，（5）至（8）列是海外院校组基金经理的择时能力与4项社会网络中心性指标的实证结果。

表9-14　　按海内外院校分组后市场收益择时能力与社会网络中心性指标回归结果

Mar_t	(1)	(2)	(3)	(4)	(5)	(6)	(7)	(8)
Degree	1.084*** (5.04)				2.822*** (2.84)			
Closeness		-0.248*** (-4.70)				-0.591*** (-3.84)		
Betweeness			0.062*** (3.97)				0.179** (2.42)	
Eigenvector				482.26** (1.99)				3 139.21** (2.25)
TNA_log	-7.303 (-0.63)	-7.836 (-0.67)	-8.807 (-0.75)	-6.039 (-0.50)	-61.745 (-1.67)	-35.293 (-0.99)	-62.923 (-1.66)	-75.522* (-1.99)
Famsize_log	-28.355** (-2.49)	-32.898*** (-2.82)	-21.859* (-1.92)	-22.910* (-1.94)	-68.639 (-1.62)	-92.172** (-2.25)	-47.940 (-1.15)	-55.011 (-1.28)
Age	1.321 (0.80)	1.385 (0.84)	1.268 (0.76)	1.260 (0.74)	0.864 (0.18)	-0.205 (-0.05)	1.037 (0.21)	3.317 (0.68)
Flow	39.176*** (3.24)	41.978*** (3.45)	37.419*** (3.04)	39.541*** (3.16)	32.268 (0.48)	80.670 (1.25)	25.317 (0.37)	16.043 (0.23)
Turnover	15.890*** (3.19)	14.818*** (2.96)	13.609*** (2.69)	16.228*** (3.14)	1.736 (0.12)	8.393 (0.62)	0.235 (0.02)	-2.881 (-0.20)
Expense	2 173.01 (1.55)	2 429.81* (1.72)	2 394.11* (1.68)	2 009.54 (1.39)	-357.053 (-0.08)	3 252.84 (0.75)	-305.053 (-0.07)	-2 049.34 (-0.45)
常数项	-84.437** (-2.15)	346.860*** (3.95)	-56.384 (-1.45)	-37.928 (-0.97)	-24.713 (-0.21)	973.259*** (3.68)	-0.590 (-0.01)	25.810 (0.22)
观测值	317	317	317	317	46	46	46	46
R-squared	0.1511	0.1426	0.1258	0.0929	0.2899	0.3805	0.2544	0.2409

注：***、**、*分别表示在1%、5%、10%水平上显著。括号内为t值。

表9-15　　按海内外院校分组后波动性择时能力与社会网络中心性指标回归结果

Vol_t	(1)	(2)	(3)	(4)	(5)	(6)	(7)	(8)
Degree	12.131*** (2.86)				49.822*** (3.50)			
Closeness		-2.664** (-2.56)				-5.112 (-1.98)		
Betweeness			0.937*** (3.05)				3.028*** (2.80)	
Eigenvector				11 441.6** (2.47)				71 945.7*** (3.82)
TNA_log	84.835 (0.37)	79.059 (0.34)	62.943 (0.27)	116.673 (0.51)	386.516 (0.73)	495.385 (0.83)	356.465 (0.64)	141.024 (0.28)
Famsize_log	65.476 (0.29)	21.571 (0.09)	122.844 (0.56)	61.902 (0.27)	200.577 (0.33)	350.933 (0.51)	580.122 (0.95)	305.654 (0.53)
Age	-12.096 (-0.37)	-11.491 (-0.35)	-12.144 (-0.37)	-11.055 (-0.34)	-213.628*** (-3.13)	-203.929*** (-2.71)	-209.095*** (-2.92)	-168.507** (-2.55)
Flow	571.095** (2.39)	601.43** (2.51)	542.616** (2.27)	572.156** (2.39)	586.468 (0.61)	825.047 (0.76)	453.817 (0.46)	320.099 (0.35)
Turnover	121.725 (1.24)	109.913 (1.12)	90.315 (0.92)	138.516 (1.40)	120.696 (0.59)	121.168 (0.53)	90.504 (0.42)	48.290 (0.24)
Expense	-53 959.0* (-1.95)	-51 292.4* (-1.84)	-49 939.1* (-1.80)	-55 417.1** (-1.99)	-5 415.75 (-0.09)	10 021.3 (0.14)	-5 876.58 (-0.09)	-34 953.8 (-0.57)
常数项	-511.919 (-0.66)	4 140.42** (2.39)	-309.176 (-0.41)	-132.699 (-0.18)	-587.351 (-0.36)	8 632.28* (1.95)	-130.281 (-0.08)	227.141 (0.14)
观测值	317	317	317	317	46	46	46	46
R-squared	0.0715	0.0667	0.0748	0.0653	0.3953	0.2754	0.3367	0.4221

注：***、**、*分别表示在1%、5%、10%水平上显著。括号内为t值。

表9-16　　按海内外院校分组后流动性择时能力与社会网络中心性指标回归结果

Liq_t	(1)	(2)	(3)	(4)	(5)	(6)	(7)	(8)
Degree	10.517*** (3.93)				7.423 (0.60)			

续表

Liq_t	(1)	(2)	(3)	(4)	(5)	(6)	(7)	(8)
Closeness		-1.969*** (-2.98)				-0.137 (-0.07)		
Betweeness			0.920*** (4.79)				0.116 (0.13)	
Eigenvector				7 409.20** (2.50)				12 522.9 (0.76)
TNA_log	-288.862** (-1.99)	-293.34** (-2.00)	-310.161** (-2.16)	-268.603* (-1.82)	-466.705 (-1.02)	-492.539 (-1.04)	-493.876 (-1.08)	-503.539 (-1.12)
Famsize_log	67.589 (0.48)	50.232 (0.34)	110.347 (0.80)	91.240 (0.63)	-1.253 (-0.00)	87.604 (0.16)	90.089 (0.18)	-0.357 (-0.00)
Age	39.719* (1.93)	39.885* (1.92)	39.925** (1.96)	39.909* (1.91)	17.786 (0.30)	22.589 (0.38)	22.071 (0.37)	24.708 (0.43)
Flow	1.666 (0.01)	24.959 (0.16)	-27.061 (-0.18)	3.841 (0.03)	149.299 (0.18)	112.521 (0.13)	105.136 (0.13)	111.788 (0.14)
Turnover	70.634 (1.14)	60.903 (0.97)	40.703 (0.66)	79.791 (1.26)	15.465 (0.09)	1.790 (0.01)	1.919 (0.01)	5.669 (0.03)
Expense	-31 767.3* (-1.82)	-30 071.1* (-1.23)	-27 575.0 (-1.59)	-33 184.8* (-1.87)	-116 466** (-2.12)	-119 836** (-2.08)	-119 908** (-2.17)	-120 831** (-2.23)
常数项	-506.279 (-1.04)	3 015.81*** (2.74)	-381.197 (-0.81)	-119.06 (-0.25)	1 657.23 (1.16)	2 044.93 (0.58)	1 801.99 (1.27)	1 770.18 (1.27)
观测值	317	317	317	317	46	46	46	46
R-squared	0.0808	0.0619	0.1016	0.0541	0.1897	0.1820	0.1823	0.1940

注：***、**、*分别表示在1%、5%、10%水平上显著。括号内为t值。

实证结果表明，海外院校毕业基金经理和本土院校毕业基金经理的4项社会网络中心性指标均对市场收益择时能力和波动性择时能力产生显著影响，但在面对流动性行情时，海外院校毕业基金经理的社交关系对其流动性择时能力的影响有限。流动性择时能力方面，本土院校毕业基金经理的点度中心度、接近中心度和中介中心度均在1%的水平上显著，特征向量中心度在5%的水平上显著，而海外院校毕业基金经理的4项社会网络中心性指标均不显著。相比于本土院校，海外院校的硕士、博士学制更短，不利于校友关系的积累。毕业于海外院校基金经理的数量也远低于毕业于本土院校的基金经理，他们无法形成较大的校友圈子，这不利于他们使用社交关系提升择时能力。

9.3.5 按基金经理任职年限分组

通常认为，基金经理的任职年限越长，管理经验越丰富。Gottesman and Morey（2006a）认为基金经理的任职年限与基金业绩正相关。基于上述研究，本节致力于探究基金经理的任职年限是否对基金经理通过社交关系提高择时能力产生显著影响。本节按基金经理任职年限将样本基金分为3个组：5年以下组、5至10年组和10年以上组。任职年限在5年以下的基金经理共120名，管理着145只基金；任职年限在5至10年的基金经理共136名，管理着189只基金；任职年限在10年以上的基金经理共40名，管理着47只基金。平均来看，样本中任职年限在5至10年的基金经理具有最强的社会网络，任职年限在10年以上的基金经理的社会网络最弱，但3组之间的差距不大。任职年限在5年以下的基金经理平均与其他54.3位基金经理产生关系，平均共用1 495.5条连接即可联系上其余692名基金经理，平均中介中心度为349.04，平均特征向量中心度为0.028。任职年限在5至10年的基金经理平均与其他55.1位基金经理产生关系，平均共用1 488.7条连接即可联系上其余692名基金经理，平均中介中心度为442.68，平均特征向量中心度为0.026。任职年限在10年以上的基金经理平均与其他50.3位基金经理产生关系，平均共用1 499.5条连接即可联系上其余692名基金经理，平均中介中心度为399.82，平均特征向量中心度为0.021。

表9-17至表9-19是按基金经理任职年限分组后市场收益择时能力、波动性择时能力和流动性择时能力与社会网络中心性指标的回归结果。表内（1）至（4）列是5年以下组基金经理的择时能力与4项社会网络中心性指标的实证结果，（5）至（8）列是5至10年组基金经理的择时能力与4项社会网络中心性指标的实证结果，（9）至（12）列是10年以上组基金经理的择时能力与4项社会网络中心性指标的实证结果。

表9-17 按基金经理任职年限分组后市场收益择时能力与社会网络中心性指标回归结果

Mar_t	(1)	(2)	(3)	(4)	(5)	(6)	(7)	(8)	(9)	(10)	(11)	(12)
Degree	0.92*** (2.62)				1.40*** (5.10)				1.14* (1.99)			
Closeness		-0.21*** (-2.80)				-0.34*** (-5.04)				-0.18 (-1.60)		
Betweeness			0.082** (2.56)				0.07*** (3.75)				0.05 (1.32)	
Eigenvector				430.44 (1.13)				960.9*** (2.82)				328.8 (0.39)
TNA_log	-9.06 (-0.49)	-4.77 (-0.26)	-10.54 (-0.57)	-10.32 (-0.55)	-0.97 (-0.06)	-4.91 (-0.31)	-3.86 (-0.24)	3.29 (0.20)	-47.01 (-1.58)	-44.16 (-1.47)	-40.40 (-1.34)	-38.71 (-1.26)
Famsize_log	-39.65** (-2.36)	-47.8*** (-2.74)	-33.56** (-2.03)	-35.52** (-2.05)	-35.19* (-1.94)	-36.31** (-2.00)	-23.57 (-1.28)	-31.17 (-1.63)	-12.26 (-0.38)	-20.50 (-0.62)	-11.17 (-0.34)	-16.62 (-0.49)
Age	-0.24 (-0.09)	-0.13 (-0.05)	0.46 (0.17)	-0.28 (-0.11)	0.36 (0.16)	0.47 (0.21)	0.60 (0.26)	0.52 (0.23)	4.43 (0.95)	3.68 (0.78)	3.94 (0.83)	3.58 (0.74)
Flow	36.81 (1.52)	40.56* (1.70)	43.65* (1.83)	43.23* (1.76)	38.29*** (3.13)	38.62*** (3.15)	35.19*** (2.78)	39.84*** (3.11)	-17.29 (-0.44)	-23.17 (-0.59)	-24.51 (-0.61)	-38.60 (-0.98)
Turnover	0.45 (0.07)	1.36 (0.21)	-2.54 (-0.40)	-0.84 (-0.13)	28.46*** (3.46)	25.71*** (3.11)	25.58*** (2.99)	32.62*** (3.77)	9.34 (0.87)	6.75 (0.62)	8.37 (0.76)	8.37 (0.74)
Expense	3 277.3 (1.51)	3 442.7 (1.59)	3 335.1 (1.54)	2 954.3 (1.34)	-392.4 (-0.26)	232.7 (0.15)	-181.4 (-0.11)	-753.1 (-0.47)	-4 137.9 (-0.58)	-4 183.4 (-0.58)	-966.4 (-0.13)	-4 225.0 (-0.56)
常数项	-50.86 (-0.85)	328.1** (2.55)	-37.14 (-0.64)	-8.66 (-0.15)	-51.87 (-1.03)	533.6*** (4.64)	-23.70 (-0.46)	-4.94 (-0.10)	-18.87 (-0.13)	346.6 (1.45)	-34.46 (-0.21)	51.57 (0.34)
观测值	145	145	145	145	189	189	189	189	47	47	47	47
R-squared	0.1000	0.1062	0.0980	0.0636	0.2394	0.2373	0.1928	0.1667	0.2297	0.2031	0.1872	0.1545

注：***、**、*分别表示在1%、5%、10%水平上显著。括号内为t值。

表9-18 按基金经理任职年限分组后波动性择时能力与社会网络中心性指标回归结果

Vol_t	(1)	(2)	(3)	(4)	(5)	(6)	(7)	(8)	(9)	(10)	(11)	(12)
Degree	17.20*** (2.62)				14.09*** (2.66)				9.96 (1.04)			
Closeness		-4.01*** (-2.78)				-2.54* (-1.92)				-2.05 (-1.05)		
Betweeness			1.86*** (3.15)				0.88** (2.43)				0.65 (0.99)	
Eigenvector				12 544.8* (1.77)				15 749** (2.52)				13 500.6 (1.01)
TNA_log	378.7 (1.10)	457.4 (1.32)	354.46 (1.04)	366.19 (1.05)	-48.65 (-0.16)	-75.31 (-0.24)	-85.45 (-0.28)	15.94 (0.05)	-215.2 (-0.43)	-203.2 (-0.41)	-165.8 (-0.34)	-163.5 (-0.33)
Famsize_log	61.01 (0.20)	-88.43 (-0.27)	163.16 (0.54)	87.89 (0.27)	91.84 (0.26)	120.1 (0.34)	203.6 (0.59)	70.45 (0.20)	159.9 (0.30)	75.92 (0.14)	182.3 (0.34)	62.79 (0.12)
Age	-35.34 (-0.71)	-33.29 (-0.67)	-18.99 (-0.39)	-35.81 (-0.71)	-82.49* (-1.94)	-80.61* (-1.88)	-80.42* (-1.88)	-82.45* (-1.93)	124.4 (1.60)	118.5 (1.53)	122.1 (1.57)	123.6 (1.59)
Flow	-104.5 (-0.23)	-33.60 (-0.08)	9.49 (0.02)	-24.08 (-0.05)	439.6* (1.88)	444.0* (1.88)	400.6* (1.70)	460.4* (1.96)	663.9 (1.02)	648.8 (1.00)	657.7 (1.00)	535.7 (0.85)
Turnover	199.3* (1.67)	215.8* (1.81)	140.1 (1.20)	184.2 (1.53)	86.05 (0.55)	70.12 (0.44)	47.76 (0.30)	143.9 (0.91)	-68.42 (-0.38)	-93.03 (-0.52)	-74.53 (-0.42)	-55.84 (-0.31)
Expense	-39 542.6 (-0.98)	-36 580.7 (-0.91)	-36 188.6 (-0.91)	-43 661.9 (-1.07)	-63 144** (2.15)	-59 528** (-1.99)	-59 826** (-2.02)	-6 6731** (-2.27)	-763.9 (-0.01)	-2 352.3 (-0.02)	36 419.1 (0.30)	-21 177.7 (-0.17)
常数项	-1 035.1 (-0.93)	5 966.3** (2.49)	-944.5 (-0.88)	-377.1 (-0.35)	162.6 (0.17)	4 620.9** (2.08)	375.9 (0.40)	-651.5 (-0.70)	-2 479.3 (-0.99)	1 340.5 (0.34)	-2 912.7 (-1.10)	-1 770.2 (-0.72)
观测值	145	145	145	145	189	189	189	189	47	47	47	47
R-squared	0.0910	0.0963	0.1100	0.0669	0.1001	0.0834	0.0944	0.0965	0.1278	0.1282	0.1256	0.1265

注：***、**、*分别表示在1%、5%、10%水平上显著。括号内为t值。

表9-19 按基金经理任职年限分组后流动性择时能力与社会网络中心性指标回归结果

Liq_t	(1)	(2)	(3)	(4)	(5)	(6)	(7)	(8)	(9)	(10)	(11)	(12)
Degree	11.75*** (2.75)				10.38*** (2.76)				10.27 (1.53)			
Closeness		-1.94** (-2.03)				-2.51*** (-2.70)				-0.38 (-0.27)		
Betweeness			0.77* (1.96)				0.82*** (3.23)				0.49 (1.03)	
Eigenvector				10914.9** (2.39)				5849.8 (1.30)				8234.9 (0.86)
TNA_log	-165.8 (-0.74)	-136.2 (-0.60)	-187.4 (-0.83)	-168.7 (-0.75)	-377.3* (-1.74)	-405.8* (-1.87)	-413.2* (-1.92)	-350.2 (-1.59)	-246.1 (-0.70)	-178.1 (-0.50)	-186.9 (-0.53)	-181.6 (-0.51)
Famsize_log	199.9 (0.98)	160.6 (0.75)	286.8 (1.42)	192.4 (0.93)	231.1 (0.94)	224.4 (0.91)	308.7 (1.27)	273.2 (1.08)	220.0 (0.58)	185.4 (0.47)	230.2 (0.60)	151.4 (0.39)
Age	68.66** (2.13)	69.45** (2.13)	75.15** (2.29)	68.44** (2.11)	32.56 (1.08)	33.38 (1.10)	33.68 (1.12)	34.09 (1.11)	13.31 (0.24)	4.38 (0.08)	8.97 (0.16)	8.94 (0.16)
Flow	-734.2** (-2.51)	-662.1** (-2.25)	-636.0** (-2.17)	-699.5** (-2.38)	188.9 (1.14)	191.4 (1.15)	151.1 (0.91)	199.3 (1.18)	59.62 (0.13)	-113.2 (-0.24)	-3.15 (-0.01)	-103.6 (-0.23)
Turnover	154.7** (2.00)	154.6* (1.96)	119.3 (1.53)	149.2* (1.91)	7.77 (0.07)	-12.09 (-0.11)	-31.07 (-0.28)	35.16 (0.31)	-122.1 (-0.97)	-138.6 (-1.07)	-130.6 (-1.02)	-120.3 (-0.93)
Expense	-97 726*** (-3.72)	-98 165*** (-3.68)	-98 862*** (-3.71)	-99 560*** (-3.77)	-19 118.3 (-0.92)	-14 611.7 (-0.69)	-15 313.9 (-0.74)	-21 782.2 (-1.03)	-163 026* (-1.95)	-159 494* (-1.85)	-134 074 (-1.52)	-173 560* (-1.99)
常数项	268.09 (0.37)	3858.7** (2.44)	578.4 (0.81)	651.5 (0.94)	-863.1 (-1.26)	3400.3** (2.18)	-782.8 (-1.17)	-499.12 (-0.74)	2 131.1 (1.20)	3 351.3 (1.18)	1 978.9 (1.04)	2 812.3 (1.60)
观测值	145	145	145	145	189	189	189	189	47	47	47	47
R-squared	0.2006	0.1811	0.1794	0.1902	0.0703	0.0685	0.0837	0.0400	0.1914	0.1448	0.1661	0.1592

注：***、**、*分别表示在1%、5%、10%水平上显著。括号内为t值。

实证结果表明，任职年限在10年以上的基金经理，其社会网络对择时能力的影响有限。市场收益择时能力方面，5年以下组基金经理仅特征向量中心度不显著，5至10年组基金经理的4项社会网络中心性指标均在1%的水平上显著，10年以上组基金经理仅有点度中心度在10%的水平上显著。波动性择时能力方面，5年以下组基金经理和5至10年组基金经理的4项社会网络中心性指标均显著，而10年以上组基金经理的4项社会网络中心性指标均不显著。流动性择时能力方面，5年以下组基金经理的4项社会网络中心性指标均显著；5至10年组基金经理的点度中心度、接近中心度和中介中心度均在1%的水平上显著，特征向量中心度不显著；10年以上组基金经理的4项社会网络中心性指标均不显著。陈立梅（2010）发现，任期长的基金经理表现出更加稳健的投资风格。肖继辉和彭文平（2012）发现，任期短的基金经理在进行基金管理时更多地考虑自己的职业生涯，他们希望获得更好的基金管理业绩以保住工作。因此，任期短的基金经理会采取通过社交关系这种更具有风险性的方式提升择时能力。相对而言，从业10年以上的基金经理是证券投资市场上的老兵，他们有丰富的投资经验和知识，在进行择时操作时更依靠自身出色的专业水平和稳健的投资风格，对社交关系的依赖程度会比年轻的基金经理更小。

9.3.6 按基金经理是否就职于前十大基金公司分组

蔡奕奕和邓超（2005）研究发现大基金家族（基金公司）拥有更多数量的基金产品，就职的基金经理数量更多，它们能够利用其组织结构更灵活地分配资源，并有利于树立品牌效应以吸引投资者，从而影响基金业绩的持续性。本节基于基金经理是否就职于前十大基金公司对样本基金进行分组研究。考虑到本节的研究对象为中国开放式股票型基金和偏股混合型基金，在对基金公司的管理规模排名时，应剔除货币基金和理财基金规模。如天弘基金公司在各大数据库的基金公司规模排名中均为第一，其原因为天弘基金公司旗下的“余额宝”产品为公司带来了庞大的管理规模支持。在进行剔除处理后，天弘基金公司非货币理财规模在前十名以外。根据Wind数据库公布的2019年上半年中国基金公司非货币理财规模排行榜，排名前十的基金公司分别是：易方达基金、博时基金、南方基金、汇添富基金、嘉实基金、华夏基金、广发基金、中银基金、招商基金、富国基金。在381只样本基金中，隶属于前十大基金公司的样本基金共99只，占比25.98%，其余282只基金则放入非前十大基金公司组。平均来看，样本中前十大基金公司的基金经理比非前十大基金公司的基金经理拥有更强的社会网络。前十大基金公司的基金经理平均与其他62.3位基金经理产生关系，平均共用1 455.2条连接即可联系上其余692名基金经理，平均中介中心度为412.46，平均特征向量中心度为0.036。非前十大基金公司的基金经理平均与其他51.3位基金经理产生关系，平均共用1 505.7条连接即可联系上其余692名基金经理，平均中介中心度为398.00，平均特征向量中心度为0.023。上述两组的社会网络差异主要体现在同事关系上，其原因是前十大基金公司通常会聘请更多的基金经理，从而基金经理之间相互连接的同事关系规模更大。

表9-20、表9-21、表9-22是按基金经理是否就职于前十大基金公司分组后市场收益择时能力、波动性择时能力和流动性择时能力与社会网络中心性指标的回归结果。表内（1）至（4）列是前十大基金公司组基金经理的择时能力与4项社会网络中心性指标的实证结果，（5）至（8）列是非前十大基金公司组基金经理的择时能力与4项社会网络中心性指标的实证结果。

表9-20 按前十大基金公司分组后市场收益择时能力与社会网络中心性指标回归结果

Mar_t	(1)	(2)	(3)	(4)	(5)	(6)	(7)	(8)
Degree	1.172*** (2.85)				1.306*** (5.66)			
Closeness		-0.3588*** (-3.44)				-0.276*** (-5.38)		
Betweeness			0.113*** (4.03)				0.066** (3.70)	
Eigenvector				107.556 (0.23)				959.633*** (3.29)

续表

Mar_t	(1)	(2)	(3)	(4)	(5)	(6)	(7)	(8)
TNA_log	3.204 (0.14)	-0.280 (-0.01)	11.004 (0.50)	1.595 (0.07)	-18.391 (-1.46)	-17 101 (-1.35)	-23.367* (-1.79)	-15.893 (-1.21)
Famsize_log	79.409 (0.68)	109.962 (0.96)	149.607 (1.33)	101.273 (0.78)	-16.265 (-1.33)	-23.029* (-1.34)	-11.857 (-0.94)	-13.979 (-1.10)
Age	0.514 (0.17)	0.220 (0.07)	-0.626 (-0.21)	1.160 (0.37)	0.853 (0.47)	0.8[illegible]8 (0.5[illegible])	1.008 (0.54)	0.748 (0.40)
Flow	29.282 (1.22)	31.598 (1.36)	31.594 (1.39)	43.070* (1.74)	43.689*** (3.44)	45.623*** (3.57)	42.147*** (3.21)	44.076*** (3.35)
Turnover	26.079** (2.12)	20.334* (1.69)	25.474** (2.16)	22.689* (1.75)	7.622 (1.56)	7.982 (1.6[illegible])	5.119 (1.01)	8.240 (1.62)
Expense	1 220.90 (0.69)	1 280.53 (0.74)	2 174.68 (1.28)	1 613.44 (0.86)	2 009.35 (1.47)	2 368.90* (1.72)	1 763.66 (1.25)	1 821.18 (1.29)
常数项	-289.665 (-1.43)	262.511 (1.03)	-389.234 (-1.98)	-266.358 (-1.21)	-82.884** (-2.09)	399.620*** (4.72[illegible])	-40.163 (-1.02)	-36.344 (-0.92)
观测值	99	99	99	99	282	282	282	282
R-squared	0.1524	0.1826	0.2165	0.0770	0.1605	0.1517	0.1068	0.0978

注：***、**、*分别表示在1%、5%、10%水平上显著。括号内为t值。

表9-21　　按前十大基金公司分组后波动性择时能力与社会网络中心性指标回归结果

Vol_t	(1)	(2)	(3)	(4)	(5)	(6)	(7)	(8)
Degree	14.679** (2.04)				11.825*** (2.68)			
Closeness		-4.308** (-2.33)				-2.175** (-2.22)		
Betweeness			1.490*** (2.97)				0.956*** (2.89)	
Eigenvector				5549.01 (0.70)				12 329.9** (2.29)
TNA_log	721.73* (1.80)	678.870* (1.71)	824.872** (2.10)	713.195* (1.74)	-182.166 (-0.76)	-174.26 (-0.72)	-243.720 (-1.01)	-142.86 (-0.59)

续表

Vol_t	(1)	(2)	(3)	(4)	(5)	(6)	(7)	(8)
Famsize_log	2921.02 (1.42)	3304.52 (1.62)	3821.2* (1.90)	2778.27 (1.24)	81.495 (0.35)	36.807 (0.15)	106.248 (0.46)	83.423 (0.36)
Age	-28.379 (-0.54)	-31.591 (-0.60)	-43.681 (-0.84)	-20.669 (-0.38)	-46.755 (-1.36)	-46.821 (-1.36)	-42.613 (-1.24)	-46.755 (-1.35)
Flow	0.547 (0.00)	35.736 (0.09)	22.406 (0.06)	130.955 (0.31)	707.605*** (2.91)	724.035*** (2.97)	679.924*** (2.80)	708.730*** (2.91)
Turnover	194.19 (0.90)	123.149 (0.58)	188.499 (0.90)	173.380 (0.78)	80.481 (0.86)	82.568 (0.88)	47.763 (0.51)	90.806 (0.97)
Expense	-272.254 (-0.01)	676.958 (0.02)	11 942.3 (0.40)	1 593.80 (0.05)	-53 579.2** (-2.05)	-51 430.6* (-1.95)	-54 028.5** (-2.08)	-53 809.2** (-2.05)
常数项	-6 249.32* (-1.76)	395.797 (0.09)	-7 556.95** (-2.16)	-5 374.80 (-1.42)	-285.657 (-0.38)	3 600.29** (2.23)	-68.040 (-0.09)	30.549 (0.04)
观测值	99	99	99	99	282	282	282	282
R-squared	0.1172	0.1289	0.1582	0.0817	0.0926	0.0851	0.0962	0.0861

注：***、**、*分别表示在1%、5%、10%水平上显著。括号内为t值。

表9-22 按前十大基金公司分组后流动性择时能力与社会网络中心性指标回归结果

Liq_t	(1)	(2)	(3)	(4)	(5)	(6)	(7)	(8)
Degree	10.649** (2.38)				9.810*** (3.17)			
Closeness		-2.919** (-2.53)				-1.229* (-1.77)		
Betweeness			0.745** (2.33)				0.672*** (2.88)	
Eigenvector				7 674.09 (1.55)				9 837.15*** (2.59)
TNA_log	-448.851* (-1.80)	-479.035* (-1.93)	-402.609 (-1.60)	-444.956* (-1.75)	-257.681 (-1.52)	-257.762 (-1.50)	-303.142* (-1.78)	-226.875 (-1.33)

续表

Liq_t	(1)	(2)	(3)	(4)	(5)	(6)	(7)	(8)
Famsize_log	-3 574.11***	-3 294.75**	-3 031.99**	-4 039.26***	27.405	19.453	53.092	31.027
	(-2.79)	(-2.59)	(-2.37)	(-2.91)	(0.17)	(0.12)	(0.32)	(0.19)
Age	116.668***	114.884***	110.856***	121.941***	7.095	6.207	9.601	6.993
	(3.54)	(3.49)	(3.33)	(3.64)	(0.29)	(0.25)	(0.40)	(0.29)
Flow	-191.632	-158.871	-138.796	-133.680	59.806	71.527	41.503	60.996
	(-0.74)	(-0.62)	(-0.54)	(-0.51)	(0.35)	(0.41)	(0.24)	(0.36)
Turnover	46.983	-3.519	33.019	50.673	47.537	47.211	23.808	55.593
	(0.35)	(-0.03)	(0.25)	(0.37)	(0.73)	(0.71)	(0.36)	(0.84)
Expense	-24.338	901.032	7 414.07	-1 317.15	-57 654.6***	-57 8[illegible]9.7***	-58 630.5***	-58 004.2***
	(-0.00)	(0.05)	(0.39)	(-0.07)	(-3.15)	(-3.10)	(-3.19)	(-3.15)
常数项	4 497.48**	9 005.15***	3 866.74*	5 637.83**	359.767	2 734.33**	597.795	633.436
	(2.04)	(3.21)	(1.73)	(2.40)	(0.68)	(2.[illegible]9)	(1.16)	(1.23)
观测值	99	99	99	99	282	282	282	282
R-squared	0.2411	0.2470	0.2392	0.2147	0.0843	0.0614	0.0785	0.0734

注：***、**、*分别表示在1%、5%、10%水平上显著。括号内为t值。

总体而言，两组基金经理都能很好地利用自身社交关系提升择时能力，但前十大公司基金经理的社交质量对择时能力的影响有限，而非前十大公司基金经理在这方面的优势会更加明显。实证结果表明，非前十大基金公司基金经理的4项社会网络中心性指标均对3项择时能力产生显著影响。前十大基金公司基金经理的点度中心度、接近中心度和中介中心度对3项择时能力产生显著影响，而特征向量中心度对3项择时能力的影响均不显著。特征向量中心度根据相邻点的重要性来衡量该点的价值，体现的是基金经理的社交质量。该指标基于这样一个概念：一个节点连接到得分高的节点比连接到得分低的节点对节点得分的贡献更大。相比于前十大基金公司，小基金公司的投研水平尚浅、获取投资信息的渠道单一、组织架构和公司资源配置等方面仍不完善。因此，小基金公司的基金经理在进行择时决策与操作时，会更依赖他们所认识的“得分高的节点”，他们可以从高得分基金经理中获得投资信息，有助于择时操作的完成。

9.4 稳健性检验

9.4.1 使用H-M模型计算择时能力

本节使用Henriksson-Merton（1981）提出的H-M模型代替T-M模型进行稳健性检验。与T-M模型不同的是，H-M模型中的市场收益择时指标$Max(MKT_t,\ 0)$为全部A股流通市值加权指数月回报减去月度无风险报酬率与0孰高者。系数γ_p衡量了基金经理的市场收益择时能力。H-M模型的具体形式如下：

$$r_{p,t} = \alpha_p + \beta_{p,1} MKT_t + \gamma_p Max(MKT_t,0) + \beta_{p,2} SMB_t + \beta_{p,3} HML_t + \beta_{p,4} MOM_t + \varepsilon_{p,t} \tag{9-1}$$

本节使用Cao et al.（2013b）提出的联合择时模型计算基金经理的市场收益择时能力、波动性择时能力和流动性择时能力，即系数γ_p、δ_p和λ_p。在H-M模型下的联合择时模型形式如下：

$$\begin{aligned} r_{p,t} = {} & \alpha_p + \beta_{p,1} MKT_t + \beta_{p,2} SMB_t + \beta_{p,3} HML_t + \beta_{p,4} MOM_t + \gamma_p (MKT_t,0) + \\ & \delta_p MKT_t (V_{m,t} - \overline{V}_m) + \lambda_p MKT_t (L_{m,t} - \overline{L}_m) + \varepsilon_{p,t} \end{aligned} \tag{9-2}$$

表9-23至表9-25展示了使用H-M模型的稳健性检验结果。稳健性回归结果显示，4项社会网络中心性指标与市场收益择时、波动性择时和流动性择时能力均显著。因此，将T-M模型替换为H-M模型后，我国开放式基金经理的社交规模、社交效率、社交圈地位和社交质量仍显著影响基金经理的择时能力。

表9-23 使用H-M模型对市场收益择时能力的稳健性检验结果

Mar_t_HM	(1)	(2)	(3)	(4)
Degree	0.3269*** (5.63)			
Closeness		−0.0758*** (−5.62)		
Betweeness			0.0220*** (5.05)	

续表

Mar_t_HM	(1)	(2)	(3)	(4)
Eigenvector				180.7166*** (2.63)
TNA_log	−4.7090 (−1.47)	−4.5407 (−1.41)	−5.2545 (−1.62)	−4.4616 (−1.34)
Famsize_log	−11.0988*** (−3.50)	−12.6511*** (−3.92)	−9.3163*** (−2.95)	−9.9680*** (−3.03)
Age	0.2131 (0.48)	0.2142 (0.48)	0.2304 (0.51)	0.2137 (0.46)
Flow	11.3954*** (3.40)	12.0768*** (3.60)	11.1849*** (3.31)	11.9444*** (3.45)
Turnover	3.4729*** (2.59)	3.3023** (2.47)	2.7521** (2.04)	3.5471** (2.56)
Expense	636.4244* (1.70)	726.8434* (1.94)	661.4771* (1.75)	543.0284 (1.41)
常数项	−19.5074* (−1.84)	111.779*** (4.94)	−12.2559 (−1.18)	−6.2535 (−0.59)
观测值	381	381	381	381
R-squared	0.1622	0.1620	0.149[illegible]	0.1075

注：***、**、*分别表示在1%、5%、10%水平上显著。括号内为t值。

表9-24 **使用H-M模型对波动性择时能力的稳健性检验结果**

Vol_t	(1)	(2)	(3)	(4)
Degree	12.6249*** (3.44)			
Closeness		−2.5456** (−2.98)		
Betweeness			1.0170*** (3.73)	
Eigenvector				12 189.47*** (2.88)

续表

Vol_t	(1)	(2)	(3)	(4)
TNA_log	105.624 (0.52)	109.8999 (0.54)	82.5162 (0.41)	130.2178 (0.64)
Famsize_log	123.9947 (0.62)	86.0205 (0.42)	185.0139 (0.94)	183.9478 (0.59)
Age	−30.7005 (−1.09)	−30.7901 (−1.09)	−29.7122 (−1.06)	−29.9355 (−1.06)
Flow	440.7812** (2.08)	467.7896** (2.20)	424.8699** (2.01)	454.1303** (2.13)
Turnover	110.3571 (1.30)	103.2881 (1.22)	79.1031 (0.94)	123.0532 (1.44)
Expense	−45 372.9* (−1.92)	−43 040.6* (−1.81)	−43 160.1* (−1.83)	−47 632.8** (−2.01)
常数项	−585.3975 (−0.87)	3 911.71*** (2.73)	−383.2619 (−0.59)	−198.1259 (−0.30)
观测值	381	381	381	381
R-squared	0.0737	0.0665	0.0786	0.0651

注：***、**、*分别表示在1%、5%、10%水平上显著。括号内为t值。

表9-25　　**使用H-M模型对流动性择时能力的稳健性检验结果**

Liq_t	(1)	(2)	(3)	(4)
Degree	9.5373*** (3.68)			
Closeness		−1.6192*** (−2.67)		
Betweeness			0.6979*** (3.61)	
Eigenvector				7 503.45** (2.50)
TNA_log	−280.1476* (−1.96)	−278.6909* (−1.93)	−296.7368** (−2.07)	−266.4884* (−1.84)

续表

Liq_t	（1）	（2）	（3）	（4）
Famsize_log	124.3899 （0.88）	113.2137 （0.78）	173.7887 （1.24）	136.5484 （0.95）
Age	38.0273* （1.91）	37.8546* （1.88）	38.6384* （1.94）	38.3627* （1.91）
Flow	-53.5538 （-0.36）	-32.5907 （-0.22）	-62.2777 （-0.42）	-40.9028 （-0.27）
Turnover	49.2699 （0.82）	43.5446 （0.72）	27.1105 （0.45）	55.6452 （0.92）
Expense	-51 418.7*** （-3.08）	-50 580.6*** （-3.00）	-50 274.6*** （-3.01）	-53 566.2*** （-3.19）
常数项	-110.6589 （-0.23）	2 830.79*** （2.39）	75.0058 （0.16）	222.604 （0.48）
观测值	381	381	381	381
R-squared	0.0785	0.0630	0.0773	0.0608

注：***、**、*分别表示在1%、5%、10%水平上显著。括号内为t值。

9.4.2 使用更强的社会关系构建基金经理社会网络

Granovetter（1973）指出，社会网络中各节点关系的强度会影响信息的扩散和影响力。在实际中，一段多年的关系会比新关系更加稳固，认识多年的朋友往往会比刚认识不久的朋友带给你更大的帮助。本节新增一条基金经理之间的社会关系判定标准：两名基金经理的关系至少应存在3年，低于3年的关系将被视为无效关系。通过构建更强的社会关系纽带，基金经理的社会网络变得更加集群化、严谨和稳定。按照更强的社会关系构建的基金经理社会网络连接共17 506条。

表9-26至表9-28展示了使用更强的社会关系的稳健性检验结果。回归结果显示，4项社会网络中心性指标与市场收益择时能力、波动性择时能力和流动性择时能力均显著。因此，使用更强的社会关系判定标准来构建基金经理的社会网络后，我国开放式基金经理的社交规模、社交效率、社交圈地位和社交质量仍显著影响基金经理的择时能力。

表9-26　使用更强的社会关系对市场收益择时能力的稳健性检验结果

Mar_t	(1)	(2)	(3)	(4)
Degree	1.2393*** (6.24)			
Closeness		-0. 2848*** (-6.45)		
Betweeness			0.0656*** (4.90)	
Eigenvector				554.5936** (2.48)
TNA_log	-13.7959 (-1.26)	-12.9792 (-1.19)	-16.1221 (-1.45)	-13.547 (-1.19)
Famsize_log	-30.7684*** (-2.86)	-36.9560*** (-3.40)	-24.8345** (-2.29)	-26.5154** (-2.35)
Age	0.8586 (0.57)	0. 8910 (0.59)	1.0294 (0.67)	0.8836 (0.56)
Flow	41.6567*** (3.65)	44.3926*** (3.91)	41.6035*** (3.58)	43.5040*** (3.66)
Turnover	11.4799** (2.52)	10.8689** (2.40)	9.1805** (1.98)	11.4694** (2.41)
Expense	2 049.45 (1.61)	2 333.99* (1.84)	2 015.12 (1.55)	1 610.08 (1.22)
常数项	-78.0990** (-2.17)	421.0745*** (5.59)	-47.5914 (-1.33)	-24.374 (-0.67)
观测值	381	381	381	381
R-squared	0.1649	0.1703	0.1333	0.0927

注：***、**、*分别表示在1%、5%、10%水平上显著。括号内为t值。

表9-27　使用更强的社会关系对波动性择时能力的稳健性检验结果

Vol_t	(1)	(2)	(3)	(4)
Degree	13.0119*** (3.48)			
Closeness		-2.5556*** (-3.05)		
Betweeness			0.9150*** (3.70)	
Eigenvector				11 492.16*** (2.83)
TNA_log	117.4687 (0.57)	122.3422 (0.59)	90.5725 (0.44)	139.0736 (0.67)
Famsize_log	165.2776 (0.82)	124.4479 (0.60)	214.8327 (1.07)	154.9468 (0.76)
Age	-30.2423 (-1.06)	-30.0416 (-1.05)	-27.6558 (-0.97)	-29.1188 (-1.01)
Flow	456.2904** (2.12)	484.8953** (2.25)	446.3904** (2.08)	467.4133** (2.17)
Turnover	107.9762 (1.26)	100.7996 (1.17)	79.7334 (0.93)	119.1047 (1.38)
Expense	-46 088.21* (-1.92)	-44 460.22* (-1.84)	-44 476.09* (-1.86)	-48 992.4** (-2.04)
常数项	-622.5206 (-0.92)	3 958.90*** (2.77)	-427.2789 (-0.65)	-191.9842 (-0.29)
观测值	381	381	381	381
R-squared	0.0759	0.0692	0.0797	0.0660

注：***、**、*分别表示在1%、5%、10%水平上显著。括号内为t值。

表9-28 **使用更强的社会关系对流动性择时能力的稳健性检验结果**

Liq_t	(1)	(2)	(3)	(4)
Degree	9.5446*** (3.71)			
Closeness		-1.6126*** (-2.79)		
Betweeness			0.5748*** (3.36)	
Eigenvector				6 810.03** (2.43)
TNA_log	-287.1447** (-2.03)	-285.8018** (-2.00)	-305.82** (-2.16)	-276.7233* (-1.93)
Famsize_log	107.1259 (0.77)	97.7319 (0.64)	148.9101 (1.07)	115.2585 (0.81)
Age	37.8021* (1.92)	37.8652* (1.91)	39.3616** (1.99)	38.3805* (1.93)
Flow	-27.4050 (-0.19)	-6.4955 (-0.04)	-30.6851 (-0.21)	-16.8823 (-0.11)
Turnover	53.9029 (0.91)	48.1779 (0.81)	34.9339 (0.59)	58.855 (0.98)
Expense	-49 393.52*** (-3.00)	-49 019.24*** (-2.94)	-49 051.82*** (-2.97)	-52 012.11*** (-3.13)
常数项	-108.5633 (-0.23)	2 854.20*** (2.89)	87.9669 (0.19)	245.4066 (0.54)
观测值	381	381	381	381
R-squared	0.0797	0.0652	0.0737	0.0605

注：***、**、*分别表示在1%、5%、10%水平上显著。括号内为t值。

9.4.3 使用更严格的校友关系构建基金经理社会网络

在进行教育背景的社交关系判定中，考虑到校友关系的时间跨度，本节在处理教育背景信息时设定了一个前后5年的阈值。在实际中，二人同为同校学生时互相认识的可能性，会比一人是学生而另一人是毕业校友时更大。由于基金经理的学历以硕士为主，而硕士通常为2年或3年学制，本节通过将教育背景阈值设定为前后3年进行稳健性检验。按照更严格的校友关系构建的基金经理社会网络连接共15 912条。

表9-29至表9-31展示了使用更严格校友关系的稳健性检验结果。稳健性回归结果显示，4项社会网络中心性指标与市场收益择时能力、波动性择时能力和流动性择时能力均显著。因此，使用更严格的校友关系来构建基金经理的社会网络后，我国开放式基金经理的社交规模、社交效率、社交圈地位和社交质量仍显著影响基金经理的择时能力。

表9-29　使用更严格的校友关系对市场收益择时能力的稳健性检验结果

Mar_t	(1)	(2)	(3)	(4)
Degree	1.3988*** (6.07)			
Closeness		-0.2731*** (-6.44)		
Betweeness			0.0752*** (5.53)	
Eigenvector				866.9834** (3.64)
TNA_log	-14.9094 (-1.36)	-12.4652 (-1.14)	-15.8752 (-1.44)	-14.0983 (-1.25)
Famsize_log	-31.6640*** (-2.93)	-38.4304*** (-3.51)	-24.3016** (-2.26)	-28.2495** (-2.53)
Age	1.1347 (0.75)	0. 9098 (0.60)	1.0445 (0.68)	1.0707 (0.68)

续表

Mar_t	(1)	(2)	(3)	(4)
Flow	40.1002*** (3.50)	44.7349*** (3.94)	38.8677*** (3.36)	40.8914*** (3.46)
Turnover	11.5208** (2.52)	11.4641** (2.53)	9.1962** (2.00)	11.5757** (2.46)
Expense	1 880.16 (1.48)	2 264.61* (1.78)	1 962.73 (1.53)	1 663.38 (1.27)
常数项	-77.2982** (-2.13)	412.2524*** (5.56)	-50.1792 (-1.41)	-35.7123 (-0.99)
观测值	381	381	381	381
R-squared	0.1606	0.1701	0.1475	0.1094

注：***、**、*分别表示在1%、5%、10%水平上显著。括号内为t值。

表9-30 使用更严格的校友关系对波动性择时能力的稳健性检验结果

Vol_t	(1)	(2)	(3)	(4)
Degree	13.7279*** (3.16)			
Closeness		-2.2567*** (-2.80)		
Betweeness			0.9170*** (3.62)	
Eigenvector				13 229.58*** (3.04)
TNA_log	105.4365 (0.51)	124.8658 (0.60)	94.8406 (0.46)	120.5118 (0.58)
Famsize_log	163.0927 (0.80)	123.5047 (0.59)	227.8228 (1.14)	157.8682 (0.77)
Age	-27.5724 (-0.96)	-29.9506 (-1.04)	-27.8750 (-0.98)	-26.7233 (-0.93)

续表

Vol_t	(1)	(2)	(3)	(4)
Flow	442.8374** (2.05)	487.6679** (2.26)	417.7977* (1.94)	431.9695** (2.00)
Turnover	107.617 (1.25)	105.364 (1.22)	82.0132 (0.96)	114.7208 (1.33)
Expense	−48 165.42** (−2.01)	−45 666.72* (−1.89)	−46 119.54* (−1.93)	−49 092.38** (−2.05)
常数项	−568.8659 (−0.83)	3578.76** (2.54)	−395.1139 (−0.60)	−293.6305 (−0.44)
观测值	381	381	381	381
R-squared	0.0708	0.0656	0.0783	0.0689

注：***、**、*分别表示在1%、5%、10%水平上显著。括号内为*t*值。

表9-31　**使用更严格的校友关系对流动性择时能力的稳健性检验结果**

Liq_t	(1)	(2)	(3)	(4)
Degree	11.0385*** (3.71)			
Closeness		−1.4520*** (−2.61)		
Betweeness			0.6036*** (3.45)	
Eigenvector				9 033.73** (3.01)
TNA_log	−295.6276** (−2.09)	−283.9082** (−1.99)	−303.3116** (−2.14)	−285.9231** (−2.01)
Famsize_log	98.2320 (0.70)	89.3648 (0.62)	155.9082 (1.13)	107.1922 (0.76)
Age	39.9926** (2.03)	37.9338* (1.91)	39.3137** (1.99)	40.1735** (2.03)

续表

Liq_t	(1)	(2)	(3)	(4)
Flow	−40.1909 (−0.27)	−4.7027 (−0.03)	−50.6450 (−0.34)	−42.5986 (−0.29)
Turnover	54.4363 (0.92)	51.1718 (0.86)	35.9351 (0.61)	57.9177 (0.97)
Expense	−50 614.37*** (−3.08)	−49 696.35*** (−2.98)	−49 893.36*** (−3.02)	−51 767.68*** (−3.13)
常数项	−114.9085 (−0.25)	2 657.72*** (2.73)	93.9029 (0.21)	151.5601 (0.33)
观测值	381	381	381	381
R−squared	0.0796	0.0628	0.0752	0.0683

注：***、**、*分别表示在1%、5%、10%水平上显著。括号内为t值。

9.5 社交指数与投资组合构建

9.5.1 社交指数

根据上文研究结果，我们发现中国开放式基金经理的社交规模、社交效率、社交圈地位和高质量社交关系对市场收益择时能力、波动性择时能力和流动性择时能力产生显著影响。为系统地衡量每位基金经理在社会网络中的地位，本节基于4项社会网络中心性指标构建基金经理的社交指数。

首先，为消除4项社会网络中心性指标的量纲，本节采用Z−Score标准化方法对中心性指标进行标准化处理。Z−Score方法通过以下公式可将多组数据转化为无单位的Z−Score分值：

$$X_i=\frac{x_i-\mu}{\sigma} \tag{9-3}$$

其中：x_i是原数据；μ是样本均值；σ是样本标准差；X_i是经Z−Score标准化后的无量纲数据。

Z-Score标准化方法消除了数据的量纲，使数据标准统一化，提高了数据可比性。

其次，本节对经Z-Score标准化处理后的社会网络中心性指标取算数平均数。由于接近中心度衡量一个节点与其他所有节点的近邻程度，该指标越小，说明节点与其他所有节点的近邻程度越高，因此在进行算数平均前，本节对接近中心度乘以-1，将该指标转化成与其他中心性指标同向。每位基金经理的4项标准化社会网络中心性指标取算数平均数后的值即为基金经理的社交指数。社交指数排名前三的经理分别为吴战峰（2.56）、王劲松（2.23）和吴云峰（2.01）。社交指数的最大值为2.56，最小值为-1.29，平均数为0，中位数为-0.14。

9.5.2 投资组合构建

根据基金经理的社交指数，本节可以挑选出社会网络内中心度最高的基金经理，并将他们所管理的股票型基金与偏股混合型基金构建投资组合。构建投资组合的步骤如下：

第一，本节选取社交指数排名前5%、前10%和前15%的基金经理构成三组。前5%的基金经理35人，管理着40只基金；前10%的基金经理69人，管理着83只基金；前15%的基金经理104人，管理着133只基金。

第二，投资期限上，本节选择2019年1月1日至2019年12月31日、2018年1月1日至2019年12月31日和2017年1月1日至2019年12月31日共3个时间段。由于本篇构建社会网络的时点是2019年6月30日，因此考察2019年6月30日至12月31日可以反映经社交指数挑选的基金的业绩持续性。考察1年、2年和3年的投资业绩，可以反映基金的业绩稳健性。本节对成立时间晚于各投资期限开始时间的部分基金作剔除处理。

第三，在构建投资组合时，本节剔除了各投资期限内更换基金经理的基金，因为本节依据基金经理的社交指数选择标的基金，标的基金的业绩必须由该基金经理所贡献。此外，本节综合考虑基金过往业绩，剔除了2只过去3年业绩排名持续靠后的基金。本节构建的基金组合如下：

前5%的基金经理组在1年投资期限内的组合由30只基金组成、在2年投资期限内的组合由20只基金组成、在3年投资期限内的组合由13只基金组成。前10%的基金经理组在1年投资期限内的组合由66只基金组成、在2年投资期限内的组合由41只基金组成、在3年投资期限内的组合由25只基金组成。前15%的基金经理组在1年投资期限内的组合由109只基金组成、在2年投资期限内的组合由76只基金组成、在3年投资期限内的组合由48只基金组成。

第四，本节选择上证综指和沪深300指数作为业绩对照指数。上证综指目前已成为衡量中国证券市场走势的风向标，为投资者提供投资方向，其样本股是在上海证券交易所全部上市A股和B股。沪深300指数选择沪深两市流动性强和规模大的300只股票作为样本股，反映了沪深两个市场的整体走势和综合变动，具有突出的市场代表性。因此，上证综指和沪深300指数的增长率都能很好地作为投资组合的业绩对照。

图9-1至图9-3是前5%的基金经理组、前10%的基金经理组和前15%的基金经理组在2019年1月1日至2019年12月31日的业绩走势。图9-4至图9-6是前5%的基金经理组、前10%的基金经理组和前15%的基金经理组在2018年1月1日至2019年12月31日的业绩走势。图9-7至图9-9是前5%的基金经理组、前10%的基金经理组和前15%基金经理组在2017年1月1日至2019年12月31日的业绩走势。从走势图上看，本节构建的社交指数投资组合在1年和2年的投资期限内的增长率均超过上证综指和沪深300指数的增长率。在3年的投资期限内，投资组合的增长率高于上证综指和沪深300指数的增长率，但在投资过程中的增长率低于沪深300指数增长率。总体来说，本节构建的社交指数投资组合可以获得超额收益，在1至2年投资期限内获得的回报更为丰厚。

图 9-1　前 5% 的基金经理组在 1 年投资期限内的业绩走势

图 9-2　前 10% 基金经理组在 1 年投资期限内的业绩走势

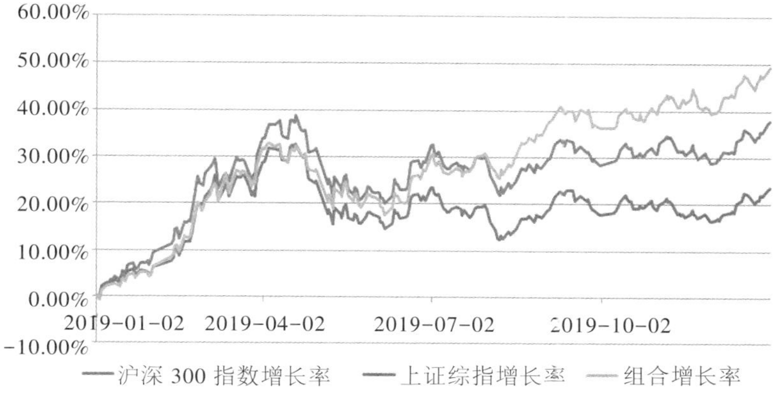

图 9-3　前 15% 的基金经理组在 1 年投资期限内的业绩走势

图9-4 前5%的基金经理组在2年投资期限内的业绩走势

图9-5 前10%的基金经理组在2年投资期限内的业绩走势

图9-6 前15%的基金经理组在2年投资期限内的业绩走势

图9-7 前5%的基金经理组在3年投资期限内的业绩走势

图9-8 前10%的基金经理组在3年投资期限内的业绩走势

图9-9 前15%的基金经理组在3年投资期限内的业绩走势

9.6 本篇小结

许多因素会影响基金经理的择时与选股能力，其中一个重要的原因是基金经理能否做到对信息的大量获取、正确分析与及时反应。社会学的观点认为，一个人的社交关系质量会显著影响信息的获取效率与质量。为了研究中国开放式基金经理的社交关系与质量是否会显著影响基金经理的择时能力，本篇使用社会网络分析法，运用4项社会网络中心性指标分析处于社会网络中心的基金经理是否具备更强的市场收益择时能力、波动性择时能力以及流动性择时能力。

本篇选择中国开放式股票型基金和偏股混合型基金作为研究对象。截至2019年6月，中国共有408只股票型基金和990只偏股混合型基金，加总共1 398只基金，这1 398只基金共由693名基金经理分别管理。其中，在2017年1月至2019年6月期间未更换基金经理的股票型基金共106只、偏股混合型基金共275只，总计381只基金，共由296名基金经理分别管理。首先，本篇通过联合择时模型计算出381只目标基金的市场收益择时能力、波动性择时能力和流动性择时能力指标。其次，本篇根据中国所有管理开放式股票型基金和偏股混合型基金的693名基金经理的个人教育背景、工作履历等信息，构建了一个基金经理社会网络，并计算出每名基金经理的4项社会网络中心性指标。本篇通过将296名基金经理所管理基金的择时能力指标与其社会网络中心性指标进行实证回归分析，得到以下结论：

第一，整体而言，中国开放式基金经理的社交规模、社交效率、社交圈地位和高质量社交关系对市场收益择时能力、波动性择时能力和流动性择时能力产生显著影响。

第二，将样本基金按基金经理性别分组，本篇发现男性基金经理比女性基金经理更能利用自身社交关系提高择时能力。

第三，将样本基金按基金经理学历分组，本篇发现硕士研究生学历基金经理比博士研究生学历基金经理更能利用自身社交关系提高择时能力。

第四，将样本基金按基金经理毕业院校知名度分组，本篇发现在面对波动性行情和流动性行情时，名校毕业基金经理的社交效率和社交质量比非名校毕业基金经理更能提高择时能力。

第五，将样本基金按基金经理是否毕业于海外院校分组，本篇发现在面对流动性行情时，海外院校毕业基金经理的社交关系对其流动性择时能力的影响有限。

第六，将样本基金按基金经理任职年限分组，本篇发现任职年限在10年以上的基金经理，其社会网络对择时能力的影响有限。

第七，将样本基金按基金经理是否就职于前十大基金公司分组，本篇发现前十大公司基金经理的社交质量对择时能力的影响有限，而非前十大公司的基金经理在这方面的优势会更加明显。

参考文献

[1] BAJGROWICZ P, SCAILLET O. Technical trading revisited: False discoveries, persistence tests, and transaction costs [J]. Journal of Financial Economics, 2012, 106 (3): 473–491.

[2] BAKER M, STEIN J C. Market liquidity as a sentiment indicator [J]. Journal of Financial Markets, 2004, 7 (3): 271–299.

[3] BARRAS L, WERMERS O S. False discoveries in mutual fund performance: Measuring luck in estimated alphas [J]. The Journal of Finance, 2010, 65 (1): 179–216.

[4] BAVELAS A. Communication patterns in task-oriented groups [J]. The Journal of the Acoustical Society of America, 1950, 22 (6): 725–730.

[5] BODSON L, CAVENAILE L, SOUGNÉ D. A global approach to mutual funds market timing ability [J]. Journal of Empirical Finance, 2013, 20 (1): 96–101.

[6] BOGUTH O, CARLSON M, FISHER A, et al. Conditional risk and performance evaluation: Volatility timing, overconditioning, and new estimates of momentum alphas [J]. Journal of Financial Economics, 2011, 102 (2): 363–389.

[7] BOLLERSLEV T, CHOU R Y, KRONER K F. ARCH modeling in finance: A review of the theory and empirical evidence [J]. Journa of Econometrics, 1992, 52 (1–2): 5–59.

[8] BUSSE J A. Volatility timing in mutual funds: Evidence from daily returns [J]. Review of Financial Studies, 1999, 12 (5): 1009–1041.

[9] BYRNES J P, MILLER D C, SCHAFER W D. Gender differences in risk taking: A meta-analysis [J]. Psychological Bulletin, 1999, 125 (3): 367–383.

[10] CAI W, CHEN J, HONG J, et al. Forecasting Chinese stock market volatility with economic variables [J]. Emerging Markets Finance and Trade, 2017, 53 (3): 521–533.

[11] CAO C, SIMIN T T, WANG Y. Do mutual fund managers time market liquidity? [J]. Journal of Financial Markets, 2013, 16 (2): 279–307.

[12] CARHART M M. On persistence in mutual fund performance [J]. The Journal of Finance, 1997, 52 (1): 57–82.

[13] CARLSON R S. Aggregate performance of mutual funds, 1948–1967 [J]. Journal of Financial & Quantitative Analysis, 1970, 5 (1): 1–32.

[14] CHANG E, LEMELLEN W. Market timing and mutual fund investment performance [J]. Journal of Business, 1984, 57 (1): 57–72.

[15] CHEN G M, KIM K A, NOFSINGER J R, et al. Trading performance, disposition effect, overconfidence, representativeness bias, and experience of emerging market investors [J]. Journal of Behavioral Decision Making, 2007, 20 (4): 425–451.

[16] CHEN L H, CHEN H H. Applying a bootstrap analysis to evaluate the performance of Chinese mutual funds [J]. Emerging Markets Finance and Trade, 2017, 53 (4): 865–876.

[17] CHEN L W, ADAMS A, TAFFLER R. What style-timing skills do mutual fund "stars" possess? [J]. Journal of Empirical Finance, 2013, 21 (1): 156–173.

[18] CHEN R, GAO Z N, ZHANG X Y, et al. Mutual fund managers' prior work experience and their investment skill [J]. Financial Management, 2018, 47 (1): 3–24.

[19] CHIKH S, FILBIEN J Y. Acquisitions and CEO power: Evidence from French networks [J]. Journal of Corporate Finance, 2011, 17 (5): 1221–1236.

[20] CHRISTOPHERSON J A, FERSON W E, GLASSMAN D A. Conditioning manager alphas on economic information: Another look at the persistence of performance [J]. Review of Financial Studies, 1998,

11 (1): 111-142.

[21] COHEN L, FRAZZINI A, MALLOY C. The small world of investing: Board connections and mutual fund returns [J]. Journal of Political Economy, 2008, 116 (5): 951-979.

[22] CUTHBERTSON K, NITZSCHE D, O'SULLIVAN N. False discoveries in UK mutual fund performance [J]. European Financial Management, 2012, 18 (3): 444-463.

[23] CUTHBERTSON K, NITZSCHE D. Performance, stock selection and market timing of the German equity mutual fund industry [J]. Social Science Electronic Publishing, 2013, 21 (1): 86-101.

[24] CUTHBERTSON K, NITZSCHE D, O'SULLIVAN N. UK mutual fund performance: Skill or luck? [J]. Journal of Empirical Finance, 2008, 15 (4): 613-634.

[25] DANIEL K, GRINBLATT M, TITMAN S, et al. Measuring mutual fund performance with characteristic-based benchmarks [J]. The Journal of Finance, 1997, 52 (3): 1035-1058.

[26] DYCK A, LINS K V, POMORSKI L. Does active management pay? New international evidence [J]. The Review of Asset Pricing Studies, 2013, 3 (2): 200-228.

[27] EL-KHATIB R, FOGEL K, JANDIK T. CEO network centrality and merger performance [J]. Journal of Financial Economics, 2015, 116 (2): 349-382.

[28] ENGELBERG J, GAO P, PARSONS C A. Friends with money [J]. Journal of Financial Economics, 2012, 103 (1): 169-188.

[29] FAMA E F, FRENCH K R.A five-factor asset pricing model [J]. Journal of Financial Economics, 2015, 116 (1): 1-22.

[30] FAMA E F, FRENCH K R. Common risk factors in the returns on stocks and bonds [J]. Journal of Financial Economics, 1993, 33 (1): 3-56.

[31] FAMA E F, FRENCH K R. Luck versus skill in the cross section of mutual fund returns [J]. The Journal of Finance, 2010, 65 (5): 1915-1947.

[32] FAMA E F, FRENCH K R. Value versus growth: The international evidence [J]. The Journal of Finance, 1998, 53 (6): 1975-1999.

[33] FAMA E F. Components of investment performance [J]. The Journal of Finance, 1972, 27 (3): 551-567.

[34] FANG Y, WANG H P. Fund manager characteristics and performance

[J]. Investment Analysts Journal, 2015, 44 (1): 102-116.

[35] FENG L, SEASHOLES M S. Do investor sophistication and trading experience eliminate behavioral biases in financial markets? [J]. Review of Finance, 2005, 9 (3): 305-351.

[36] FERSON W, MO H. Performance measurement with selectivity, market and volatility timing [J]. Journal of Financial Economics, 2016, 121 (1): 93-110.

[37] FERSON W E, SCHADT R W. Measuring fund strategy and performance in changing economic conditions [J]. The Journal of Finance, 1996, 51 (2): 425-461.

[38] FREEMAN L C. A set of measures of centrality based on betweenness [J]. Sociometry, 1977, 40 (1): 35-41.

[39] FREEMAN L C. Centrality in social networks conceptual clarification [J]. Social Networks, 1978/1979, 1 (3): 215-239.

[40] GIAMBONA E, GOLEC J. Mutual fund volatility timing and management fees [J]. Journal of Banking & Finance, 2009, 33 (4): 589-599.

[41] GOTTESMAN A A, MOREY M R. Does a better education make for better managers? An empirical examination of CEO educational quality and firm performance [Z]. Pace University Finance Research Paper, 2006.

[42] GRANOVETTER M S. The strength of weak ties [J]. American Journal of Sociology, 1973, 78 (6): 1360-1380.

[43] RIDDLE M, HANNEMAN R A. Introduction to social network methods [M/OL]. Riverside, CA: University of California, Riverside, 2005 [2022-10-15]. http://faculty.ucr.edu/~ hanneman.

[44] HENRIKSSON R D, MERTON R C. On market timing and investment performance. Ⅱ. Statistical procedures for evaluating forecasting skills [J]. Journal of Business, 1981, 54 (4): 513-533.

[45] HONG H, KUBIK J D, STEIN J C. Social interaction and stock-market participation [J]. The Journal of Finance, 2004, 59 (1): 137-163.

[46] JACKSON M O. Social and economic networks [M]. Princeton, NJ: Princeton University Press, 2008.

[47] JENSEN M C. The performance of mutual funds in the period 1945-1964 [J]. The Journal of Finance, 1968, 23 (2): 389-416.

[48] JIANG G J, YAO T, YU T. Do mutual funds time the market? Evidence

from portfolio holdings [J]. Journal of Financial Economics, 2007, 86 (3): 724-758.

[49] KACPERCZYK M, SIALM C, ZHENG L. On the industry concentration of actively managed equity mutual funds [J]. The Journal of Finance 2005, 60 (4): 1983-2011.

[50] KIM S, IN F, JI P I, et al. False discoveries in the performance of Australian managed funds [J]. Pacific-Basin Finance Journal, 2014, 26 (C): 244-256.

[51] KIM S, IN F. False discoveries in volatility timing of mutual funds [J]. Journal of Banking & Finance, 2012, 36 (7): 2083-2094.

[52] KOSOWSKI R, TIMMERMANN A, WERMERS R, et al. Can mutual fund 'stars' really pick stocks? New evidence from a bootstrap analysis [J]. The Journal of Finance, 2006, 61 (6): 2551-2595

[53] KUHNEN C M. Business networks, corporate governance and contracting in the mutual fund industry [J]. The Journal of Finance, 2009, 64 (5): 2185-2220.

[54] KULICH C, TROJANOWSKI G, RYAN M K, et al. Who gets the carrot and who gets the stick? Evidence of gender disparities in executive remuneration [J]. Strategic Management Journal, 2011, 32 (3): 301-321.

[55] LARCKER D F, SO E C, WANG C C Y. Boardroom centrality and firm performance [J]. Journal of Accounting and Economics, 2013, 55 (2-3): 225-250.

[56] LI H, ZHANG X, ZHAO R. Investing in talents: Manager characteristics and hedge fund performances [J]. Journal of Financial and Quantitative Analysis, 2011, 46 (1): 59-82.

[57] LIAO L, ZHANG X Y, ZHANG Y Q.Mutual fund managers' timing abilities [J]. Pacific-Basin Finance Journal, 2017, 44 (C): 80-96.

[58] LIU J N, STAMBAUGH R F, YUAN Y. Size and value in China [J]. Journal of Financial Economics, 2019, 134 (1): 48-69.

[59] MALKIEL B G. Returns from Investing in equity mutual funds 1971 to 1991 [J]. The Journal of Finance, 1995, 50 (2): 549-572.

[60] MALMENDIER U, TATE G, YAN J. Overconfidence and early-life experiences: The effect of managerial traits on corporate financial policies [J]. The Journal of Finance, 2011, 66 (5): 1687-1733.

[61] MASSA M, SIMONOV A. History versus geography: The role of college interaction in portfolio choice and stock market prices [Z]. No. 4815, CEPR Discussion Papers, 2004.

[62] MIZRUCHI M S, POTTS B B. Centrality and power revisited: Actor success in group decision making [J]. Social Networks, 1998, 20 (4): 353-387.

[63] MUÑOZ F, VICENTE R, FERRUZ L. Stock-picking and style-timing abilities: A comparative analysis of conventional and socially responsible mutual funds in the US market [J]. Quantitative Finance, 2015, 15 (2): 345-358.

[64] NEWEY W K, WEST K D. Hypothesis testing with efficient method of moments estimation [J]. International Economic Review, 1987, 28 (3): 777-787.

[65] OLSEN R A, COX C M. The influence of gender on the perception and response to investment risk: The case of professional investors [J]. The Journal of Psychology and Financial Markets, 2001, 2 (1): 29-36.

[66] PADGETT J F, ANSELL C K. Robust action and the rise of the Medici, 1400-1434 [J]. American Journal of Sociology, 1993, 98 (6): 1259-1319.

[67] PALM F C. 7 GARCH models of volatility [J]. Handbook of Statistics, 1996, 14 (96): 209-240.

[68] PÁSTOR L, STAMBAUGH R F. Mutual fund performance and seemingly unrelated assets [J]. Journal of Financial Economics, 2002, 63 (3): 315-349.

[69] PASTOR L, STAMBAUGH R F. Liquidity risk and expected stock returns [J]. Journal of Political Economy, 2003, 111 (3): 642-685.

[70] SABIDUSSI G. The centrality index of a graph [J]. Psychometrika, 1966, 31 (4): 581-603.

[71] SCOTT J. Social network analysis: A handbook [M]. 2nd ed. London: Sage Publications Ltd., 2000.

[72] SIEGMANN A, STEFANOVA D. The evolving beta-liquidity relationship of hedge funds [J]. Journal of Empirical Finance, 2017, 44 (C): 286-303.

[73] STOREY J D. A direct approach to false discovery rates [J]. Journal of the Royal Statistical Society, 2002, 64 (3): 479-498.

[74] TANG K，WANG W J，XU R. Size and performance of Chinese mutual funds：The role of economy of scale and liquidity [J]. Pacific-Basin Finance Journal，2012，20（2）：228-246.

[75] GRINBLATT M，TITMAN S. Mutual fund performance：An analysis of quarterly portfolio holdings [J]. Journal of Bussines，1989，62（3）：393-416.

[76] TREYNOR J L，MAZUY K. Can mutual funds outguess the market? [J]. Harvard Business Review，1966，44（4）：131-136.

[77] TREYNOR J L. How to rate management of investment funds [J]. Harvard Business Review，1965，43（1）：63-75.

[78] WANG C Y. Investor sentiment，market timing，and futures returns [J]. Applied Financial Economics，2003，13（12）：891-898.

[79] SHARPE W F. Mutual fund performance [J]. Journal of Business，1966，39（1）：119-138.

[80] YANG L，LIU W. Luck versus skill：Can Chinese funds beat the market? [J]. Emerging Markets Finance and Trade，2017，53（3）：629-643.

[81] YAO J，MA C C，HE W P. Investor herding behaviour of Chinese stock market [J]. International Review of Economics & Finance，2014，29（C）：12-29.

[82] YI L，HE L. False discoveries in style timing of Chinese mutual funds [J]. Pacific-Basin Finance Journal，2016，38（C）：194-208.

[83] YI L，LIU Z，HE L，et al. Do Chinese mutual funds time the market? [J]. Pacific-Basin Finance Journal，2018，47（C）：1-19.

[84] 曹烈冰，阮佳蒂，李晓. 名校效应真的存在？——来自心理学的证据 [J]. 高教学刊，2016（10）：54-55.

[85] 陈俊杰. 基金经理如何优中选优？——基于中国因子模型与Bootstrap方法的选股能力研究 [D]. 广州：中山大学，2020.

[86] 陈浪南，朱杰，熊伟. 时变贝塔条件下的基金多市场择时能力研究 [J]. 管理科学学报，2014（2）：58-68.

[87] 陈立梅. 基金经理人力资本特征对基金业绩影响的分析与研究——以开放式基金为例 [J]. 南京邮电大学学报（社会科学版），2010（2）：70-75.

[88] 陈玉罡，钟姿华，许红梅，等. 基于非零超额收益前提的bootstrap法基金优选研究 [J]. 管理科学学报，2022（录用待发表）.

[89] 蔡奕奕，邓超. 基金家族与基金业绩相关关系实证研究 [J]. 湖南工程学院学报（社会科学版），2005（4）：13-16.

[90] 傅安里，马超群，杨晓光．证券投资基金波动择时能力研究［J］．当代财经，2005（1）：53-57．
[91] 高金窑，王庆瑜．证券投资基金的择时与风格转换——基于市场流动性视角的研究［J］．金融论坛，2019（4）：58-70．
[92] 高鹤，李昊文，高峰．基金经理风险偏好、投资风格与基金业绩——基于性别个人特征的视角［J］．投资研究，2014（5）：82-96．
[93] 黄志忠，张娟，王剑秋，等．基金业绩影响因素研究——基于基金经理特征视角［J］．上海立信会计学院学报，2012（1）：60-67．
[94] 李仲飞，黄宇元，邓柏峻．基金存在流动性择时能力吗？——基于中国主动管理开放式股票型基金的实证研究［J］．金融经济学研究，2015（2）：108-118．
[95] 马超群，傅安里，杨晓光．中国投资基金波动择时能力的实证研究［J］．中国管理科学，2005（2）：22-28．
[96] 史金艳，陈婷婷，魏殿凤．基金经理性别与风险承担——基于股票型和混合偏股型开放式基金的实证［J］．投资研究，2016（3）：105-118．
[97] 沈维涛，黄兴孪．我国证券投资基金业绩的实证研究与评价［J］．经济研究，2001（9）：22-30．
[98] 隋婷婷．中国开放式基金的选股能力、市场择时能力和波动率择时能力分析［D］．大连：东北财经大学，2018．
[99] 唐涯，刘玉珍，杨逸．中国基金业绩中的运气——来自FDR方法的证据［J］．金融学季刊，2014（1）：149-170．
[100] 王珏，张新民．基于bootstrap分析方法的我国基金经理选股能力研究［J］．中国软科学，2013（11）：139-150．
[101] 魏立波．基于T-M模型的我国开放式基金择时与选股能力实证研究［J］．北京交通大学学报（社会科学版），2010（2）：73-77．
[102] 熊晨希．中国开放式基金经理的择时能力与社会网络中心性［D］．广州：中山大学，2020．
[103] 徐琼，赵旭．我国基金经理投资行为实证研究［J］．金融研究，2008（8）：145-155．
[104] 肖智泉，梁建峰．基于自助法的基金管理能力研究［J］．中国管理科学，2016（S1）：383-388．
[105] 肖继辉，彭文平．基金经理特征与投资能力、投资风格的关系［J］．管理评论，2012（7）：40-48．
[106] 叶青青．基于FDR的基金波动择时能力研究［D］．广州：中山大学，2019．

[107] 杨育生. 开放式基金择时选股能力的实证分析 [J]. 统计与决策, 2010 (10): 132-133.

[108] 易力, 胡振华. 基于FDR控制的基金绩效评价 [J]. 系统工程理论与实践, 2016 (4): 846-856.

[109] 易力, 胡振华. 风格择时能力对基金绩效的影响研究 [J]. 管理评论, 2016 (4): 41-51.

[110] 易力. 基金经理风格择时能力能够改善基金业绩吗——来自我国开放式基金的经验证据 [J]. 南方金融, 2018 (9): 62-72.

[111] 闫作远, 陈超. 基金经理选股及择时能力研究——来自中国开放式基金市场的新证据 [J]. 当代财经, 2008 (10): 46-52.

[112] 周万贺, 储茂广. 我国证券投资基金波动择时能力的实证分析 [J]. 统计与决策, 2009 (5): 129-132.

[113] 张婷, 李凯. 证券投资基金投资绩效分析 [J]. 预测, 2000 (1): 41-44.

[114] 张峥, 李怡宗, 张玉龙, 等. 中国股市流动性间接指标的检验——基于买卖价差的实证分析 [J]. 经济学 (季刊), 2014 (1): 233-262.

[115] 张新, 杜书明. 中国证券投资基金能否战胜市场? [J]. 金融研究, 2002 (1): 1-22.

[116] 张玉龙, 李怡宗, 杨云红. 中国股市的系统流动性——来自拓展的FDR法的证据 [J]. 金融研究, 2012 (11): 166-178.

[117] 朱波, 文兴易, 匡荣彪. 中国开放式基金经理投资行为评价研究 [J]. 管理世界, 2010 (3): 172-173.

[118] 赵秀娟, 汪寿阳. 基金经理在多大程度上影响了基金业绩? ——业绩与个人特征的实证检验 [J]. 管理评论, 2010 (1): 3-12.

[119] 邹小芃, 黄峰, 杨朝军. 流动性风险、投资者流动性需求与资产定价 [J]. 管理科学学报, 2009 (6): 139-149.

附录1 不同模型t值前10%基金名单

附表1　　FF-3模型t值前10%基金名单

基金代码	基金名称	基金成立日	投资类型	t值
070002.OF	嘉实增长混合	2003/07/09	偏股混合型基金	5.82
001938.OF	中欧时代先锋股票A	2015/11/03	普通股票型基金	5.18
240001.OF	华宝宝康消费品	2003/07/15	偏股混合型基金	4.93
160505.OF	博时主题行业混合（LOF）	2005/01/06	偏股混合型基金	4.84
100020.OF	富国天益价值混合A	2004/06/15	偏股混合型基金	4.78
166009.OF	中欧新动力混合（LOF）A	2011/02/10	偏股混合型基金	4.72
151001.OF	银河稳健混合	2003/08/04	偏股混合型基金	4.59
000751.OF	嘉实新兴产业股票	2014/09/17	普通股票型基金	4.58
080001.OF	长盛成长价值混合A	2002/09/18	偏股混合型基金	4.55
001256.OF	泓德优选成长混合	2015/05/21	偏股混合型基金	4.53
260101.OF	景顺长城优选混合	2003/10/24	偏股混合型基金	4.47

续表

基金代码	基金名称	基金成立日	投资类型	t值
000011.OF	华夏大盘精选混合	2004/08/11	偏股混合型基金	4.46
180031.OF	银华中小盘混合	2012/06/20	偏股混合型基金	4.4
161005.OF	富国天惠成长混合A/B（LOF）	2005/11/16	偏股混合型基金	4.39
110011.OF	易方达中小盘混合（2021年9月10日起更名为“易方达优质精选混合（QDII）”）	2008/06/19	偏股混合型基金	4.33
180012.OF	银华富裕主题混合	2006/11/16	偏股混合型基金	4.33
519704.OF	交银先进制造混合	2011/06/22	偏股混合型基金	4.27
450002.OF	国富弹性市值混合	2006/06/14	偏股混合型基金	4.26
519069.OF	汇添富价值精选混合A	2009/01/23	偏股混合型基金	4.24
070001.OF	嘉实成长收益混合A	2002/11/05	偏股混合型基金	4.14
162605.OF	景顺长城鼎益混合（LOF）	2005/03/16	偏股混合型基金	4.11
001886.OF	中欧行业成长混合（LOF）E	2015/10/08	偏股混合型基金	4.07
000083.OF	汇添富消费行业混合	2013/05/03	偏股混合型基金	4.04
519778.OF	交银经济新动力混合A	2016/10/20	偏股混合型基金	4.02
001975.OF	景顺长城环保优势股票	2016/03/15	普通股票型基金	4.02
001974.OF	景顺长城量化新动力股票	2016/07/13	普通股票型基金	3.99
002593.OF	富国美丽中国混合A	2016/05/19	偏股混合型基金	3.95
000577.OF	安信价值精选股票	2014/04/21	普通股票型基金	3.94
260116.OF	景顺长城核心竞争力混合A	2011/12/20	偏股混合型基金	3.89
206009.OF	鹏华新兴产业混合	2011/06/15	偏股混合型基金	3.87
519008.OF	汇添富优势精选混合	2005/08/25	偏股混合型基金	3.78
340006.OF	兴全全球视野股票	2006/09/20	普通股票型基金	3.78
160603.OF	鹏华普天收益混合	2003/07/12	偏股混合型基金	3.76

续表

基金代码	基金名称	基金成立日	投资类型	t值
163415.OF	兴全商业模式优选混合（LOF）	2012/12/18	偏股混合型基金	3.74
450009.OF	国富中小盘股票	2010/11/23	普通股票型基金	3.73
163406.OF	兴全合润混合（LOF）	2010/04/22	偏股混合型基金	3.72
002562.OF	泓德泓益量化混合	2016/04/26	偏股混合型基金	3.72
519001.OF	银华价值优选混合	2005/09/27	偏股混合型基金	3.69
260104.OF	景顺长城内需增长混合	2004/06/25	偏股混合型基金	3.69
001883.OF	中欧新动力混合（LOF）E	2015/10/08	偏股混合型基金	3.66
070032.OF	嘉实优化红利混合A	2012/06/26	偏股混合型基金	3.66
519011.OF	海富通精选混合	2003/08/22	偏股混合型基金	3.64
001714.OF	工银文体产业股票A	2015/12/30	普通股票型基金	3.64
000001.OF	华夏成长混合	2001/12/18	偏股混合型基金	3.6
163801.OF	中银中国混合（LOF）A	2005/01/04	偏股混合型基金	3.59
162203.OF	泰达宏利稳定混合	2003/04/25	偏股混合型基金	3.59
519674.OF	银河创新成长混合	2010/12/29	偏股混合型基金	3.57
519736.OF	交银新成长混合	2014/05/09	偏股混合型基金	3.54
001104.OF	华安新丝路主题股票A	2015/04/09	普通股票型基金	3.54
070003.OF	嘉实稳健混合	2003/07/09	偏股混合型基金	3.52
288002.OF	华夏收入混合	2005/11/17	偏股混合型基金	3.51
160916.OF	大成优选混合（LOF）	2012/07/27	偏股混合型基金	3.5
100026.OF	富国天合稳健混合	2006/11/15	偏股混合型基金	3.47
020003.OF	国泰金龙行业混合	2003/12/05	偏股混合型基金	3.47
040005.OF	华安宏利混合A	2006/09/06	偏股混合型基金	3.44
001985.OF	富国低碳新经济混合A	2015/12/18	偏股混合型基金	3.44
040035.OF	华安逆向策略混合A	2012/08/16	偏股混合型基金	3.42

续表

基金代码	基金名称	基金成立日	投资类型	t值
202005.OF	南方成份精选混合A	2007/05/14	偏股混合型基金	3.36
000082.OF	嘉实研究阿尔法股票	2013/05/28	普通股票型基金	3.36
690007.OF	民生加银景气行业混合A	2011/11/22	偏股混合型基金	3.36
180010.OF	银华优质增长混合	2006/06/09	偏股混合型基金	3.35
020010.OF	国泰金牛创新成长混合	2007/05/18	偏股混合型基金	3.32
160133.OF	南方天元新产业股票（LOF）	2014/07/03	普通股票型基金	3.32
000172.OF	华泰柏瑞量化增强混合A	2013/08/02	偏股混合型基金	3.32
002708.OF	大摩健康产业混合A	2016/06/30	偏股混合型基金	3.31
340007.OF	兴全社会责任混合	2008/04/30	偏股混合型基金	3.3
270041.OF	广发消费品精选混合A	2012/06/12	偏股混合型基金	3.3
519688.OF	交银精选混合	2005/09/29	偏股混合型基金	3.29
001208.OF	诺安低碳经济股票A	2015/05/12	普通股票型基金	3.28
160607.OF	鹏华价值优势混合（LOF）	2006/07/18	偏股混合型基金	3.25
519712.OF	交银阿尔法核心混合A	2012/08/03	偏股混合型基金	3.23
519702.OF	交银趋势混合A	2010/12/22	偏股混合型基金	3.23
217001.OF	招商安泰混合	2003/04/28	偏股混合型基金	3.23

附表2　**CH-3模型t值前10%基金名单**

基金代码	基金名称	基金成立日	投资类型	t值
001938.OF	中欧时代先锋股票A	2015/11/03	普通股票型基金	5.07
519778.OF	交银经济新动力混合A	2016/10/20	偏股混合型基金	4.55
460005.OF	华泰柏瑞价值增长混合A	2008/07/16	偏股混合型基金	3.72
002708.OF	大摩健康产业混合A	2016/06/30	偏股混合型基金	3.68
000751.OF	嘉实新兴产业股票	2014/09/17	普通股票型基金	3.67
519704.OF	交银先进制造混合A	2011/06/22	偏股混合型基金	3.58

续表

基金代码	基金名称	基金成立日	投资类型	t值
166009.OF	中欧新动力混合（LOF）A	2011/02/10	偏股混合型基金	3.58
001766.OF	上投摩根医疗健康股票A	2015/10/21	普通股票型基金	3.51
001717.OF	工银前沿医疗股票A	2016/02/03	普通股票型基金	3.5
460007.OF	华泰柏瑞行业领先混合	2009/08/03	偏股混合型基金	3.47
000339.OF	长城医疗保健混合A	2014/02/28	偏股混合型基金	3.44
070002.OF	嘉实增长混合	2003/07/09	偏股混合型基金	3.43
001975.OF	景顺长城环保优势股票	2016/03/15	普通股票型基金	3.43
001645.OF	国泰大健康股票A	2016/02/03	普通股票型基金	3.36
590008.OF	中邮战略新兴产业混合	2012/06/12	偏股混合型基金	3.35
001256.OF	泓德优选成长混合	2015/05/21	偏股混合型基金	3.31
519668.OF	银河成长混合	2008/05/26	偏股混合型基金	3.3
163805.OF	中银动态策略混合A	2008/04/03	偏股混合型基金	3.29
166011.OF	中欧盛世成长混合（LOF）A	2012/03/29	偏股混合型基金	3.26
470009.OF	汇添富民营活力混合A	2010/05/05	偏股混合型基金	3.26
519679.OF	银河主题混合	2012/09/21	偏股混合型基金	3.24
001985.OF	富国低碳新经济混合A	2015/12/18	偏股混合型基金	3.23
519674.OF	银河创新成长混合A	2010/12/29	偏股混合型基金	3.22
002229.OF	华夏经济转型股票	2016/03/15	普通股票型基金	3.21
002593.OF	富国美丽中国混合A	2016/05/19	偏股混合型基金	3.18
519069.OF	汇添富价值精选混合A	2009/01/23	偏股混合型基金	3.17
202011.OF	南方优选价值混合A	2008/06/18	偏股混合型基金	3.13
519089.OF	新华优选成长混合	2008/07/25	偏股混合型基金	3.13
001955.OF	中欧养老产业混合A	2016/05/13	偏股混合型基金	3.12
163412.OF	兴全轻资产混合（LOF）	2012/04/05	偏股混合型基金	3.07

续表

基金代码	基金名称	基金成立日	投资类型	t值
519670.OF	银河行业混合A	2009/04/24	偏股混合型基金	3.06
519712.OF	交银阿尔法核心混合A	2012/08/03	偏股混合型基金	3.05
001104.OF	华安新丝路主题股票A	2015/04/09	普通股票型基金	3.05
660005.OF	农银中小盘混合	2010/03/25	偏股混合型基金	3.03
270021.OF	广发聚瑞混合A	2009/06/16	偏股混合型基金	3.02
001410.OF	信澳新能源产业股票	2015/07/31	普通股票型基金	3.01
000011.OF	华夏大盘精选混合A	2004/08/11	偏股混合型基金	2.99
519736.OF	交银新成长混合	2014/05/09	偏股混合型基金	2.99
519692.OF	交银成长混合A	2006/10/23	偏股混合型基金	2.98
519688.OF	交银精选混合	2005/09/29	偏股混合型基金	2.98
001641.OF	富国绝对收益多策略混合A	2015/09/17	偏股混合型基金	2.96
040025.OF	华安科技动力混合A	2011/12/20	偏股混合型基金	2.95
001811.OF	中欧明睿新常态混合A	2016/03/03	偏股混合型基金	2.95
151001.OF	银河稳健混合	2003/08/04	偏股混合型基金	2.95
320012.OF	诺安主题精选混合	2010/09/15	偏股混合型基金	2.95
206009.OF	鹏华新兴产业混合	2011/06/15	偏股混合型基金	2.94
110013.OF	易方达科翔混合	2008/11/13	偏股混合型基金	2.93
000031.OF	华夏复兴混合A	2007/09/10	偏股混合型基金	2.93
260104.OF	景顺长城内需增长混合	2004/06/25	偏股混合型基金	2.92
163409.OF	兴全绿色投资混合（LOF）	2011/05/06	偏股混合型基金	2.9
550003.OF	中信保诚盛世蓝筹混合	2008/06/04	偏股混合型基金	2.88
000831.OF	工银医疗保健股票	2014/11/18	普通股票型基金	2.83
001886.OF	中欧行业成长混合（LOF）E	2015/10/08	偏股混合型基金	2.82
003095.OF	中欧医疗健康混合A	2016/09/29	偏股混合型基金	2.81

续表

基金代码	基金名称	基金成立日	投资类型	t值
001915.OF	宝盈医疗健康沪港深股票	2015/12/02	普通股票型基金	2.8
001513.OF	易方达信息产业混合	2016/09/27	偏股混合型基金	2.8
003096.OF	中欧医疗健康混合C	2016/09/29	偏股混合型基金	2.8
050026.OF	博时医疗保健行业混合A	2012/08/28	偏股混合型基金	2.8
000017.OF	财通可持续混合	2013/03/27	偏股混合型基金	2.79
000960.OF	招商医药健康产业股票	2015/01/30	普通股票型基金	2.78
373020.OF	上投摩根双核平衡混合A	2008/05/21	偏股混合型基金	2.78
163801.OF	中银中国混合（LOF）A	2005/01/04	偏股混合型基金	2.77
240020.OF	华宝医药生物混合	2012/02/28	偏股混合型基金	2.76
000220.OF	富国医疗保健行业混合A	2013/08/07	偏股混合型基金	2.76
180031.OF	银华中小盘混合	2012/06/20	偏股混合型基金	2.75
257070.OF	国联安优选行业混合	2011/05/23	偏股混合型基金	2.75
340006.OF	兴全全球视野股票	2006/09/20	普通股票型基金	2.74
001714.OF	工银文体产业股票A	2015/12/30	普通股票型基金	2.74
710001.OF	富安达优势成长混合	2011/09/21	偏股混合型基金	2.74
090015.OF	大成内需增长混合A	2011/06/14	偏股混合型基金	2.72
233007.OF	大摩卓越成长混合	2010/05/18	偏股混合型基金	2.7
090007.OF	大成策略回报混合	2008/11/26	偏股混合型基金	2.7
519008.OF	汇添富优势精选混合	2005/08/25	偏股混合型基金	2.7

附录2　简易社会网络

以下展示了一个简易的社会网络。

假设有六名基金经理，分别以A、B、C、D、E和F表示，他们的社会关系情况如附图1所示。

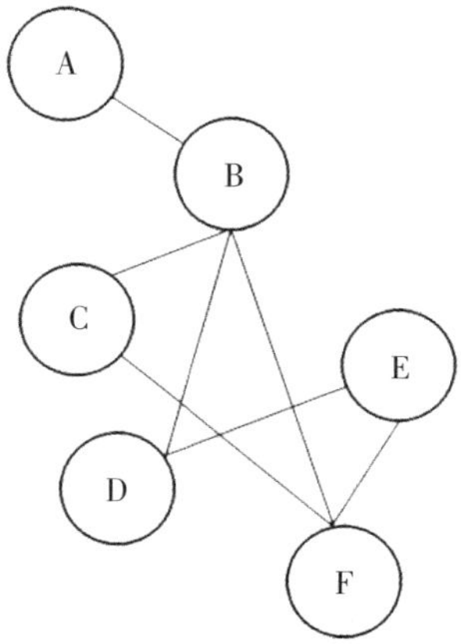

附图1　六名基金经理的社会关系情况

上述基金经理的社会关系可以转化为一个0-1对称方阵。方阵中，若两名基金经理之间存在社交关系，则其元素为1，若不存在社交关系，则其元素为0。在社会网络分析中，该方阵即为社会网络矩阵（见附图2）。

	A	B	C	D	E	F
A	0	1	0	0	0	0
B	1	0	1	1	0	1
C	0	1	0	0	0	1
D	0	1	0	0	1	0
E	0	0	0	1	0	1
F	0	1	1	0	1	0

附图2　六名基金经理的社会网络矩阵

我们以基金经理B为例，计算B经理的4项社会网络中心性指标。点度中心度衡量一个节点与其他节点直接连接的个数总和。根据公式$D_i = \sum_{i \neq j \in N} a_{ij}$，B经理的点度中心度为4，说明B经理分别与A、C、D和F存在直接关系。接近中心度衡量一个节点与其他所有节点的最短距离之和。根据公式$C_i=\sum_{i \neq j \in N} d_{ij}$，B经理的接近中心度为6，他需要6条路径即可与其他所有基金经理产生联系。根据公式$B_i = \sum_{j < k \neq i \in N} \frac{g_{jk(i)}}{g_{jk}}$和$E_i = \frac{1}{\lambda^*} \sum_{i \neq j \in N} a_{ij} E_j$，可计算出B经理的中介中心度和特征向量中心度分别为5.5和0.563。

下面展示的是第8章得出的基金经理社会网绛的可视化图。第8章根据中国所有管理开放式基金的693名基金经理的个人教育背景、工作履历等信息，构建了一个基金经理社会网络。附图3是基本的社会网络可视化图，附图4是以编号为186的吴战峰经理为主体视角的放大网络图，附图5至附图8通过各节点的大小来展示每名基金经理的点度中心度、接近中心度、中介中心度和特征向量中心度的情况。

基金经理社会网络的可视化图

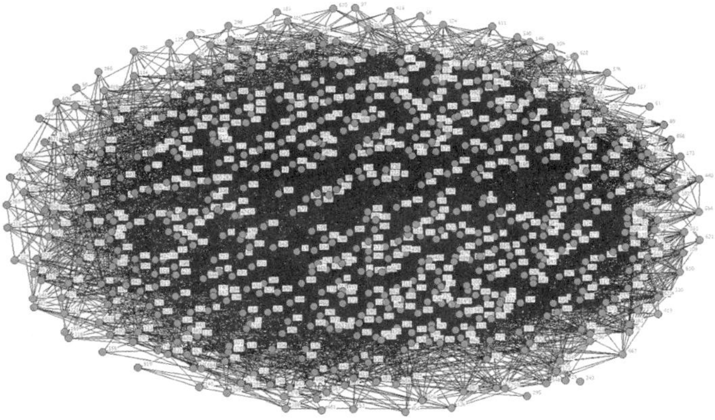

附图3　693名管理中国开放式基金的基金经理的社会网络可视化图

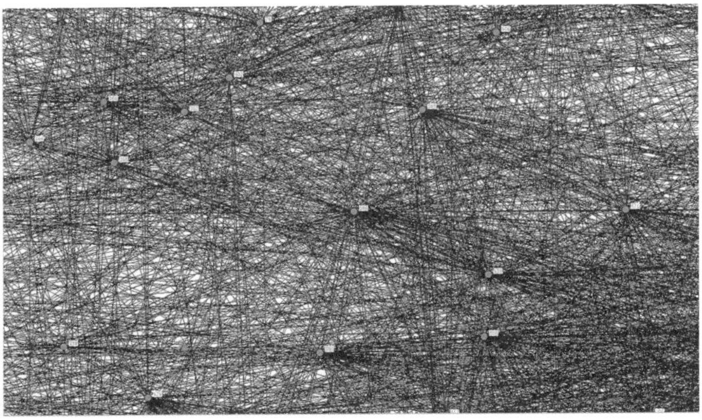

附图4　以编号为186的吴战峰经理为主体视角的放大网络图

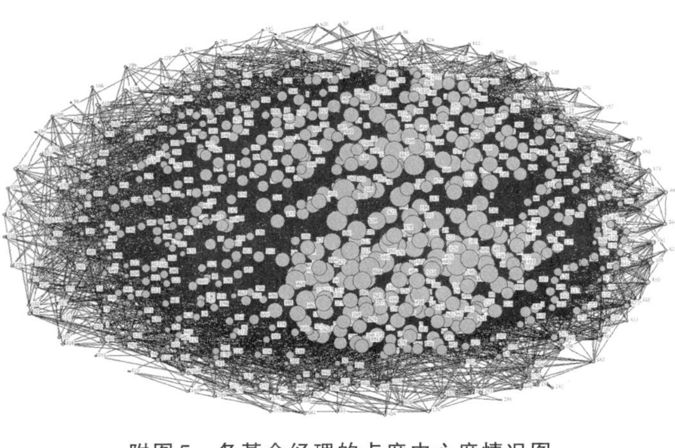

附图5　各基金经理的点度中心度情况图

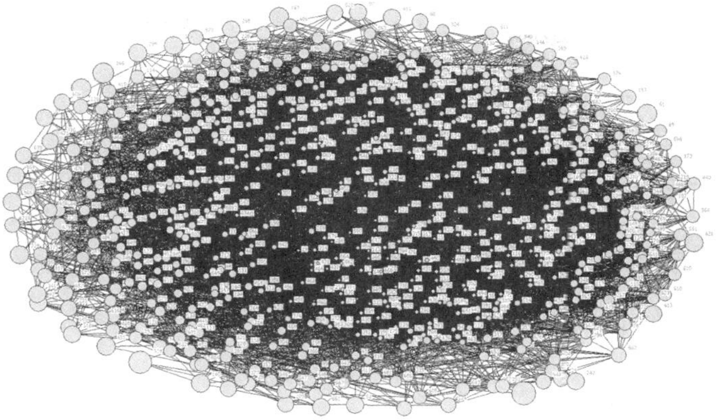

附图6　各基金经理的接近中心度情况图

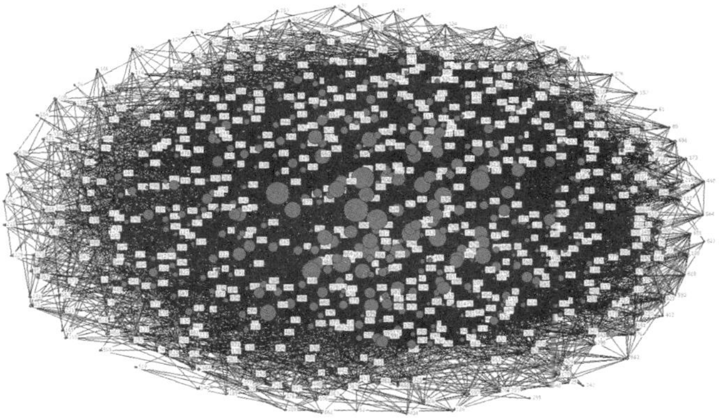

附图7　各基金经理的中介中心度情况图

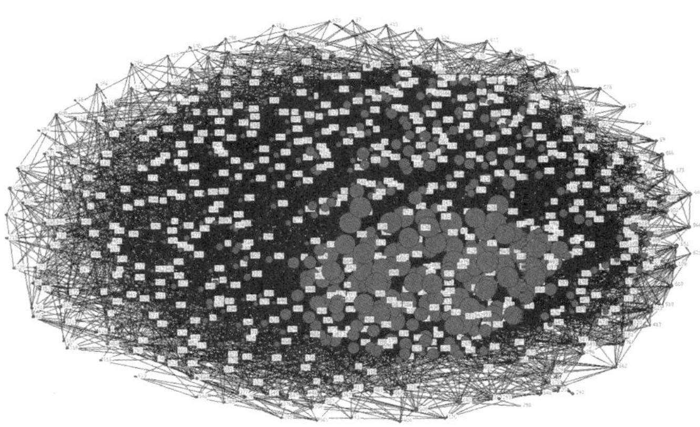

附图8　各基金经理的特征向量中心度情况图

后记

我们团队的主要研究领域是并购重组、财富管理。基金的研究属于财富管理领域中的一块。我们过去的研究成果，大多属于并购重组领域的研究。之所以会切入到财富管理，并深入到基金的研究领域，缘于笔者自 2001 年开始为银行和保险公司培训理财师。在培训的过程中，笔者发现要实现财富规划的目标，就要经常用到基金这个工具，但当时市场上对怎么选基金还是很迷茫。大部分金融机构的一线人员仍然是推行“定投指数基金”的理念。这一理念是从美国最大的指数基金——先锋基金——的创始人博格尔那里传过来的。笔者读过博格尔的书，当时也接受了博格尔的研究发现：75% 的基金经理都不能跑赢指数。正是由于大多数基金经理都跑不赢指数，所以看上去投资者买指数基金是一个不错的选择。由此，博格尔创立的指数基金成了全球规模最大的基金。然而，在中国市场进行实际操作后，笔者发现在中国投资指数基金并不能获得较好的回报。这可能是因为中国的市场指数经常回到原点，牛短熊长。经过思考后，笔者认为博格尔的另一半观点可能更适合中国市场，即还有 25% 的基金经理能跑赢指数。我们唯一需要做的事情就是把这 25% 的基金经理挑选出来。在这个理念的指引下，笔者开启了对基金的研究。

选基金就是选基金经理，如何识别基金经理的能力至关重要。我们对基金的研究进行了三年，不断推向深入。感谢研究团队中刘彧、黎江、王诗、张艺琳、莫昕、钟姿华、周俊江、陈奕诗、卓子荣、吴凌宇、凡振华的共同研讨。刘彧博士还发表了一篇 SSCI 的英文论文 "Do funds selected by managers' skills perform better"，比较了以基金经理能力进行的优选组合和晨星组合，发现前者能超越后者。有兴趣的读者可以找来读读。感谢许红梅老师的共同合作，她的一篇研究基金的论文也被《管理科学学报》接受了。感谢张艺琳同学当时熟练地使用 Wind 的功能，帮助团队把数据处理效率提高了 N 倍。感谢陈奕诗同学，她在论文写作时展现的严谨细致的态度让团队成员大为惊叹，给团队留下了深刻的印象，也是大家学习的榜样。感谢黎江兢兢业业地为很多用户开发了 ValueGo 的 AI 基金功能。感谢参与 AI 基金开发的冯伟、古江杭、刘韵婷，没有他们认真踏实的工作，很多学术研究也只能停留在纸面上，无法给现实生活带来助力。感谢 ValueGo 的用户，在我们蹒跚起步的时候没有太多的抱怨（尽管我们知道我们还有很大的改进空间），并给予我们无限的支持！

最后，感谢中山大学管理学院为我们提供了良好的学术研究平台和学科建设基金资助，也感谢国家自然科学基金、广东省自然科学基金的资助，让这一研究成果得以出版。

陈玉罡

2022 年 10 月